大学英语教育
教学理论与实践

蔡 杰◎著

辽宁人民出版社

图书在版编目（CIP）数据

大学英语教育教学理论与实践 / 蔡杰著 . —沈阳：
辽宁人民出版社, 2023.11
ISBN 978–7–205–10751–2

Ⅰ . ①大… Ⅱ . ①蔡… Ⅲ . ①英语 – 教学研究 – 高等
学校 Ⅳ . ① H319.3

中国国家版本馆 CIP 数据核字 (2023) 第 066688 号

出版发行：辽宁人民出版社
　　　　　地址：沈阳市和平区十一纬路25号　邮编：110003
　　　　　电话：024-23284321（邮　购）　024-23284324（发行部）
　　　　　传真：024-23284191（发行部）　024-23284304（办公室）
　　　　　http://www.lnpph.com.cn
印　　刷：辽宁新华印务有限公司
幅面尺寸：170mm×240mm
印　　张：15
字　　数：250千字
出版时间：2023年11月第1版
印刷时间：2023年11月第1次印刷
责任编辑：张天恒　王晓筱
装帧设计：识途文化
责任校对：吴艳杰
书　　号：ISBN 978-7-205-10751-2

定　　价：68.00元

前　言

　　当今世界，科学技术突飞猛进，知识经济不断涌现，综合国力的竞争日趋激烈。改革开放以来，中国经济腾飞，人民生活水平显著提高，综合国力不断增强。在 21 世纪，英语不仅仅是人们交流的工具，也是提高国际竞争力的一种手段。在国际交往中，英语被广泛使用，已成为一种世界上相对通用的语言。在经济全球化不断加剧的时代环境下，社会对于人才的需求发生了很大的改变，大学英语教学也在该时代背景下发生了变化。同时，随着"科教兴国""人才强国"等战略的实施，大学英语教学的改革开始有据可依。从目前社会对于人才的需求出发，大学英语教学水平必须得到提升。作为教育机构最基础的工作职责，各大高校开始针对性地研究提升大学英语教学水平的方法，其目的在于英语教学方面满足学生的基本学习需求。大学英语教师必须依托学生的学习特点与认知规律，灵活利用现有的丰富的教育资源，借助不断涌现的各种教学方法，调整好教学环节和步骤，发现英语教学中的不足并循序渐进地改进。

　　大学英语是全国高校普遍开设的语言类基础课程。大学英语教学工作为人才的培养、社会的发展作出了重大贡献。然而，语言是随着社会的发展而不断演进的，相应的大学英语教学方式也要在当前的时代背景下进行调整。因此，探讨现代大学英语全新的教学理论与策略，全面推行大学英语课程改革，成为新时期大学英语教学的重要课题。鉴于此，笔者撰写了《大学英语教育教学理论与实践》一书。本书在对我国大学英语教学现状进行深入调查和研究的基础上，全面深入地探讨和研究了英语教学的理论与实践策略。全书共七章：第一章为大学英语教学基本理论，主要介绍了现代英语教学的内涵、过程、方法及原则；第二章为大学英语教学的基本思路与策略，主要介绍了大学英语教学的基本思路、教学环境与基础策略。第三章为大学英语听力教学理论研究，主要介绍了大学英语听力教学理论、教学特点和目标、教学的现状分析以及策略研究；第四章为大学英语口语教学理论研究，主要介绍了大学英语口语教学理论、教学的特点和目标、教学的现状分析以及策略研究；第五章为大学英语写作教学理论研究，主要介绍了大学英语写作教学理论、教学的特点和目标、教学的现状分析以及策略研究；第六章为大学英语翻译教学理论研究，主要介绍了大学英语翻译教学理论、教学的特点和目标、教学的现状分析以及策略研究；第七章为大学英语教学评价体系的建设，主要介绍了大学英语教学评价概念、必要性、原则以及方法。

笔者在撰写过程中，借鉴了许多专家和学者的研究成果，在此表示衷心的感谢。本书研究的课题涉及的内容十分宽泛，尽管笔者在写作过程中力求完美，但仍难免存在疏漏，恳请各位专家批评指正。

目　录

第一章 大学英语教学概述

第一节 大学英语教学内涵

一、教育与教学

（一）教育

教育对人类的存在与发展起着重要作用，这是因为教育既传承了人类的既有经验，又把单个的人才培养作为社会的组成部分。

"教育"一词在汉语中可以分为"教"和"育"两个部分，它们分别有"上施下效""使之为善"之义。然而，英语中的 education（教育）则是指"导出"。教育的学术性定义是基于这一语义而形成的。

美国教育哲学家伊斯雷尔·谢弗勒（I. Schemer）认为，教育是"纲领性的定义、规定性的定义和描述性的定义"，并认为不同定义都在各说各话。

德国学者卡尔·西奥多·雅斯贝尔斯（Karl Theodor Jaspers）指出："教育是培养新生一代准备从事社会生活的整个过程，也是人类社会生产经验得以继承发扬的关键环节，主要指学校对适龄儿童、少年、青年进行培养的过程。"

中国的《教育大词典》认为，教育是"传递社会生活经验并培养人的社会活动"。学校教育则是"根据一定的社会要求和受教育者的发展需要，有目的、有计划、有组织地对受教育者施加影响，以培养一定社会所需要的人的活动"。

此外，我国还有不少学者试图为教育下一个准确的定义。肖川教授认为，"教育的真义就是价值引导与自主建构的统一。奠基于价值引导与自主建构相统一的教育，从学生的成长过程来说，是精神的唤醒、潜能的显发、内心的敞亮、主体性的弘扬和独特性的彰显；从师生共同活动的角度来说，是经验的共享、视界的融合和灵魂的感召"。

综合以上观点可知，教育是一种可以引导人类发展的活动，教育的内涵必然涉及两个要素：引导与发展。引导说明教育是有目的的活动，"使之向善"是最根本的目的。引导还说明教育不是强制性的活动，也不可能强制。教师不可能强制学生掌握知识、技能、价值观。发展是指学生的发展。教育最终能否实现其目的，主要在于学生是否得到与所设定目标一致的发展。

（二）教学

教学是教育中的一个重要因素，它既是一种基本因素，又是一种复杂因素。研究教育必然要对教学的相关概念有所了解。

教学是一种教育活动。对于教师来说，教学是引导学生学习的教育活动；而对于学生来说，教学则是在教师的引导下进行的学习活动。这些活动都是教师有目的、有计划、有组织地引导学生学习的活动。学生是否得到发展是教学是否实现其目标的关键。教学也是一个师生互动的过程，是教师教的过程，也是学生学习并在学习过程中全面发展的过程，是学生在教师引导下掌握知识和技能、发展能力、发展身心和形成相关的情感态度及价值观的过程。教学需要师生共同参与，是师生双方教和学的共同活动。没有教师有计划地教，就不可能有教学活动，但更为关键的是，如果没有学生积极主动地学，教学活动也就无从谈起，教学是教与学相统一的活动。所以从师生互动来说，教学应该是教师引导和学生主导的互动活动。

教学是一种有目的的互动，这是因为教学是学校教育最主要的教育活动，其具有非常明确的目标。不同学科的教学虽然具有共同的教学目的，但也有着各自的教学目标。同样，在不同学段、学年、学期、星期，不同教材的单元、课文、活动，教学目标也会有所不同。

教学需要具体的内容。教学是一定知识、技能的传递，更是人类生存经验的传递。教学中的知识、技能、经验体现在具体的课程内容和教学内容上。教学内容也具有不同的层次。

教学最显著的特征是系统性和计划性。这是因为，教学是学校教育中有计划的、系统的活动，其主要表现在课程计划、教学计划上。当然，这种系统的计划主要是由教育行政机构、学校和教师等通过长期的思考而制定的。

实施教学必须采用一定的教学方法和借助一些教育技术。教学具有非常深厚的历史沉淀，其在不断变化与发展中形成了大量有效的方法。现代科学技术，特别是信息技术的发展，为教学提供了可以借助的多种多样的教育技术。

由此可见，教学就是在有计划的、系统性的过程中，依据一定的内容，按照一定的目的，借助一定的方法与技术，教师引导学生认识世界、学习和掌握知识与技能，同时使其得到全面发展的活动。

二、英语教学的本质

显而易见，英语教育既是语言教育，又是文化教育。通常而言，语言教育都是以培养学生运用语言的能力为目的的，只通过学习语言来研究这门语言知识的人就不是以运用语言为目的，他们学习语言的目的是研究语言知识，如学习古希腊语、古汉语等已经不再运用的语言。

对于中国学生来说，英语是一门外语，英语教育也就是外语教育。纵观人类外语教育的发展历史，对于已经基本形成母语运用能力的学生的外语教育离不开外语知识教育，因为开展以外语知识为基础的外语教育才能更有效地培养学生运用外语的能力。作为语言教育，英语教育的本质是培养学生运用英语的能力。

当然，英语不仅仅是一种语言，还是文化的载体。因此，英语教育也是一种文化教育。

三、大学英语教学的内涵

（一）大学英语教学的属性

大学英语教学既是一种语言教学，又是文化的教学。下面对这两种属性进行说明。

1. 英语教学的语言属性

英语是世界通用语言，对其的教学是一种语言教学，这是英语教学的本质属性。语言教学，顾名思义，就是为了培养和提高学习者的语言能力而进行的教学。大学英语教学是我国重要的外语教育。

进行外语教育，需要对外语基础知识进行教学，从而夯实学生语言学习的根基，对语言应用能力的提高也大有裨益。大学英语教学作为重要的语言教育方式，其本质也应该是提高学生的英语语言综合应用能力。

需要特别说明的一点是，一部分专门进行语言知识研究的语言教学工作并不是以语言应用为目的，因此其并不属于语言教学的范畴。例如，古希腊语研究、古汉语研究、古英语研究等。这些语言在当今社会不再广泛使用，对英语教学的理解需要和语言的研究与学习进行区分。

2. 英语教学的文化属性

文化孕育语言，语言反映文化。语言和文化有着密切的关系。在英语教学过程中，培养学习者的文化思维也十分重要。英语教学的文化属性启示教学者应该重视文化的影响作用，从而便于学习者提升跨文化交际能力。

（二）大学英语教学的内涵

大学英语教学是我国外语教育的重要组成部分，因此在整体上其也有传统英语教学的共性，主要包括以下几个方面：

一是教学规模大。

二是教学多元化。

三是教学规划不足，布局不够合理。

这种模式下的大学英语教学出现了费时低效、哑巴英语等问题，所培养出来的学生不足以应对跨文化交际中的语言问题。鉴于此，大学英语教学在进行教学定位过程中应该注意以下几个问题：

一是注重教学的地域性与学科性。

二是注重教学的需求性与前瞻性。

三是注重教学中的师资建设。

在教学改革的背景下，大学英语教学需要提升人才的语言应用能力，注重教学与社会的联系。我国学者戴炜栋指出，大学英语教学应该建设具有中国特色的"一条龙"英语教学体系，使教学贯穿其中。在连接教学和基本社会情况的前提下，力求建立一种多元的英语教学模式。

大学英语教学是师生共同作用的教育活动，需要教师对学生进行引导，也需要学生主动地学习。检验大学英语教学的成果需要以教学目标的实现为标准。总体来说，大学英语教学是师生共同完成预定任务的双边统一活动。具体来说，大学英语教学的内涵主要包括以下几个方面：

1. 大学英语教学带有目的性

大学英语教学根据不同的教学阶段，划分出不同的教学目标。具体的教学目标又带有层次性和领域性。

2.大学英语教学带有系统性和计划性

它的系统性体现在教学的管理者和制定者上，主要包括行政机构、教研部门和教学管理者。大学英语教学的计划性指的是对英语基础知识进行的计划性教学。

3.大学英语教学的实施需要采用科学的教学方法和技术

英语教学历史悠久，在实施过程中形成了大量的教学方法。随着现代科学技术的发展，大学英语教学科研借助的教学技术也相应增加。

在此基础上，大学英语教学可以被概括为：教师在教学目的和教学目标的指引下，在有计划的系统性过程中，借助科学的教学方法和技术，对英语基础知识和英语文化进行教学，以期促进英语学生的整体素质和语言能力的提高与发展。

第二节　大学英语教学的过程原理解读

一、大学英语教学目标的制定过程

高等教育大学英语教学大纲是指导全国大学英语教学的纲领性文件，它体现了全国大学英语教学的培养目标、教育理念，也规定了大学英语教学的课程设置、教学要求、教学方法与手段、教学评估等，是规范全国大学英语教学的指导性文件。近三十年来，指导我国高校大学英语教学的教学大纲几经修改，反映了国家和外语界对英语教学的深度思考，也体现了我国外语政策与时俱进的特点。教育部大学外语教学指导委员会承担着制定全国大学英语教学大纲的重任，每一次的修改、调整都经过了数次会议、调研等。

（一）1999年《大学英语教学大纲》制定过程

为了迎接21世纪的挑战，争取到2000年使大学英语教学上一个新台阶，国家教委高教司委托大学外语教学指导委员会和大学外语教学研究会于1994年7月在大庆召开了全国大学英语教学研讨会。1994年12月在桂林召开了全国大学英语教学上新台阶座谈会。1996年5月，在国家教委高教司的领导下，高等学校大学外语教学指导委员会成立了"面向21世纪的大学英语课程教学内容与课程体系改革研究与实践"项目组。项目组成立后，着手开展了多层次的社会需求调查、学生英语水平调查和词汇量调查，立足于21世纪人才的培养规格，确定大学英语的培养目标。在1996年12月新一届高校外语教学指导委员会的领导下，项目组对1985年的理工科大纲和1986年的文理科大纲进行了认真深入的研讨，确定了大学英语教学大纲修订的原则和方向，经过一年多的艰苦奋战，提出了大纲正文讨论稿，经反复修改，数易其稿，并在有关会议上征求同行专家的意见，于1998年5月在指导委员会英语组武汉会议上推出了《大学英语教学大纲》（征求意见稿）。第二稿也很快与同行专家见面。1999年版《大学英语教学大纲》制定过程历时五年，足以说明当时大学外语教学指导委员会对大纲制定的高度重视以及严谨的工作态度。

（二）《大学英语教学指南》制定过程

据教育部大学外语教学指导委员会主任委员王守仁在2014年4月17日北京"高等学校大学英语教学改革与发展学术研讨会"上介绍，为了制定《大学英语教学指南》（以下简称《教学指南》），2013年8月4日，教指委主任委员、副主任委员（英语）、秘书长在浙江大学召开《教学指南》研制工作启动会，讨论项目组的组建方式和项目工作方案。项目组由王守仁教授总负责，下设教学目标和教学要求、课程设置、教学评价、教学方法和手段、教学管理和教师发展等 5 个任务小组。英语组委员通过自愿报名、提名推荐、民主集中的方式，参加各任务小组。2014 年 2 月 28 日在北京召开组长会议，拟于 2014 年 4 月 18 日召开项目组全体会议，项目工作方案包括研制《教学指南》的指导思想和原则、框架内容、任务分工、进度安排等。2014 年 7 月 29 日至 30 日，教指委英语组全体委员在张家口召开会议，讨论《教学指南》全文初稿。2014 年 12 月将草稿提交教育部。坚持科学性、多样性、针对性和开放性的工作原则，并确立"以调研为依据，以研究为支撑"的理念，大学外语教学指导委员会调查了全国 58 所高校的大学英语教学目标、201 所高校的大学英语课程设置、21 所高校的教学评估、每省 3 所高校的教学方法和 87 所高校的教学管理。在此基础上完成《教学指南》征求意见稿。2015 年 3 月 28 日，教指委英语组在武汉召开"高等学校大学英语教学改革与发展学术研讨会"，项目组向 900 多名与会代表征求意见和建议，会后根据反馈意见继续修改完善《教学指南》。2015 年 5 月，项目组根据教育部关于融入创新创业教育内容的指示，进一步补充修订《教学指南》。

从上述两次的大纲修订过程来看，承担该重任的大学外语教学指导委员会经过一次又一次的会议讨论，多层次、多角度的调研，才制定出了能够指导全国大学英语教学的纲领性文件。

二、大学英语教学的定位

从 2004 年 1 月《课程要求（试行）》执行以来，对于大学英语教学目标与定位的研究出现两个阶段，前 5 年对此研究的寥寥无几，但随后对于大学英语教学定位与目标的研究进入了纷争阶段，外语界学者纷纷撰文从不同角度阐述各自的观点和看法，主要从大学英语定位原则、语言与内容、综合英语与专门用途英语、工具性与人文性、各类型高校的大学英语教学目标等 5 个方面开展探讨和论述。

（一）大学英语定位原则

大学英语定位应遵循科学性和导向性、合理性与可操作性、适时性与实用性原则。培养目标、语言教学的特殊本质和学生生源与发展的实际是制约目标定位的因素与策略。龚晓斌从需求分析出发尝试性地提出了"专业和/或兴趣主导"的大学英语教学目标定位。借鉴整体知识观与整体教育思想，提出依据当前大学生需求多样性的现实情况，建议对大学英语教学进行分层次的目标定位。大学英语教学应以实施素质教育为主题，以提高教学质量为核心，以提高英语综合应用能力为重点，以创新大学英语教学模式为突破口、以提高教师教学能力为保障。在高等教育国际化背景下，大学英语教学的目标和定位应借鉴德国高校英语学位课程和中外合作办学高校——宁波诺丁汉大学英语教学的经验：一是为高等教育国际化服务；二是培养实际的英语使用能力；三是为培养创新型人才服务。在全球化背景下，既要发展符合国家与社会需求的大学外语教育，激励高校甚至学习者个体"各奔前程"，同时又要避免散乱无序的发展带来的低效教育、无效教育或者不同程度的教育重复浪费。高校大学英语教学应以地域性与学科性为纵轴，以需求性与前瞻性为横轴，以师资建设为保障线进行科学定位与整体规划。

上述学者从不同角度探讨和论述了大学英语教学定位与目标、语言教学的本质、学生生源及发展、专业需求、国家发展需求。但总的来说，均符合《大学英语课程教学要求》中的规定：鉴于全国高等学校的教学资源、学生入学水平以及所面临的社会需求等不尽相同，各高等学校应参照《大学英语课程教学要求》并根据本校的实际情况，制定科学、系统、个性化的大学英语教学大纲，指导本校的大学英语教学。

（二）院校大学英语教学定位

顾世民提出高师院校大学英语教学的目标定位应该是大学英语教学目标的

多元化；董艳、柯应根认为应用型本科高校大学英语教学改革发展方向不仅仅是为了提高学生的人文素质和文化修养，重点是提高大学生综合应用能力，即加强培养学生英语语言知识的分析和综合运用的能力，重点培养本科生的语言实践应用能力和口语表达能力。英语能力培养都是服务于学生的专业学习和专业技能培养的。应将大学英语教学与专业课教学相结合，培养学生的专业英语能力，重视听说能力，提高学生在本专业领域的英语口语和文字交流能力。

大学英语教学定位／目标是大学英语教学的方向盘、指南针，受到国内外语界的广泛关注。是通用英语还是专门用途英语，是工具性还是人文性，是语言还是内容，《教学指南》为此提供了答案：

大学外语教育是我国高等教育的重要组成部分，对于促进大学生知识、能力和综合素质的协调发展具有重要意义。大学英语作为大学外语教育最主要的内容，是大多数非英语专业学生在本科教育阶段必修的公共基础课程，在人才培养方面具有不可替代的重要作用。大学英语课程应根据本科专业类教学质量国家标准，参照本指南合理定位，服务于学校的办学目标、院系人才培养的目标和学生个性化发展的需求。大学英语课程是高等学校人文教育的一部分，兼有工具性和人文性双重性质。大学英语教学目标是培养学生的英语应用能力，增强跨文化交际意识和交际能力，同时发展自主学习能力，提高综合文化素养，使他们在学习、生活、社会交往和未来工作中能够有效地使用英语，满足国家、社会、学校和个人发展的需要。根据现阶段基础教育、高等教育和社会发展的条件现状，大学英语教学目标分为基础、提高、发展三个等级。大学英语教学与高中英语教学衔接，各高校可以根据实际需要，自主确定起始层次，自主选择教学目标。

外语界应该审时度势，站在国家战略、国家利益的高度，从积极角度对中国大学英语教学究竟应该向何处去等重大问题加强理论探讨和实验探索，适时推动大学英语回归到理性、科学的轨道上来，使大学英语教学真正为中国高等教育国际化、为中国走向世界服务。

三、课程设计

课程设置是教学目标在学校课程计划中的集中表现，是对课程结构和课程内容所做的安排和规定。各高校应根据实际情况设计出各自的大学英语课程体系，将综合英语类、语言技能类、语言应用类、语言文化类和专业英语类等必修课程与选修课程有机结合，确保不同层次的学生在英语应用能力方面得到充分的锻炼和提高。

（一）课程设计理论研究

1. 国外课程设计理论研究

国外课程设计理论研究具有历史久、理论研究成果丰富等特点。通过查阅近30年来对语言教程大纲设计的研究，可以发现如下几个特点：

（1）它基本上与应用语言学理论的发展同步，各种课程设计理论的出现都是当时语言学界主流思潮的反映。

（2）语言教程大纲设计的研究和发展反映了人们对语言教学认识的不断深化和拓展。

（3）语言学和课程设置的研究开始越来越重视认知能力、心理因素、自主意识、社会影响和个人动机等不同因素对学习者在语言学习过程中的影响。

泰勒（Tyler）是20世纪最有影响的课程（curriculum）理论家之一。1949年泰勒出版了《课程和教学的基本原则》（*Basic Principles of Curriculum and Instruction*）一书，该书被认为是课程设计理论的经典之作。泰勒提出了课程系统的发展模式，认为任何课程的大纲设计和发展都要考虑到四个基本问题的方向性，并以此作为课程设计的基础。这四个问题是：

（1）学校应该要达到的教育目标是什么？

（2）要有怎样的教育经验最终才有可能达到这些目标？

（3）怎样能够把这些教育经验有效组织起来？

（4）怎样才能确定这些目标正被达成？

第一个问题就要求教师在设计大学英语课程时考虑本校的办学定位、人才培养目标；第二个问题与大学英语教学内容有关，要求教师以此来达到预定的目标；第三个问题与教学经验的组织有关，要求教师阐明大学英语教学内容设计排列先后的原则；最后一个问题是关于怎样达到预定的目标，直接与大学英语教学内容、教学手段、教学模式、教学过程和教学评价有关。

富里（Fury）提出四个课程设计标准：

（1）是否有足够的理论依据？（adequacy of the theoretical basis）

（2）是否适合学生目标？（suitability for learner goals）

（3）是否具有成功实施的可能性？（probability of successful implementation）

（4）是否具有效果的可评性？（effectiveness of learning activities based on the syllabus）

波斯纳（Posner）认为课程设计有三个基本条件，它们是：

（1）了解学生的需求、兴趣、能力、知识水平等。

（2）熟悉专业情况。

（3）擅长阅读写作，具有教学经验，而不是拼凑、复制、模仿。

2001 年，著名语言教育专家杰克·C. 理查兹（Jack C. Richards）编写的《语言教学中的课程设计》（*Curriculum Development in Language Teaching*）由剑桥大学出版社出版。该书全面、系统地介绍了语言教学中课程设计的方方面面，通过丰富的教学应用实例介绍了课程设计中的六个环节：需求分析、对教学环境的分析、教学目标的设定、教学大纲的设计、教材的开发和修订、课程评估。该书理论结合实际，阐述深入浅出；通过实例进行分析，引导读者深思；语言简练，没有生僻词汇；提供了丰富的参考阅读书目。

国外对于课程设计的理论研究起步早，成果较多，其用实例进行分析，具有很强的教学指导性。

2. 国内课程设计理论研究

夏纪梅花了整整四年时间完成了《现代外语课程设计理论与实践》，该书围绕现代外语课程设计与评价、教材的建设与评价两方面，从理论上系统介绍了相关学科的成果或指导作用；从实践上全面介绍了设计方法与模式、评价标准与方法等。既有理论又有实证，是迄今为止我国外语教学史上最为完整的一部关于外语课程设计的著作。

在课程设置上，应建立多元化和有特色的大学英语课程体系，满足学生多样化的学习需求。同时，有效开发隐性课程作为显性课程设置的补充，如大班上课小组课外讨论、英语专题讲座、英语学习策略培训、英语角、英语读书汇报会以及各种形式的英语竞赛等，将课堂向外延伸，全方位满足学生的学习需求。针对课程目标泛化、课程课型分类趋同、课程实施缺乏内涵式发展等问题，基于校本研究的学习者需求呈复杂性、多样性和个性化趋势，应当结合学习者的需求，对大学英语课程设置进行有针对性的调整。在入学新生外语水平呈两极分化之势，学生需求的差异性增大的情况下，文秋芳提出"英语课程必修，技能目标可选，课程类型让挑。各学所需，各尽所能"的大学英语课程设想，新的教学目标不要求学生听、说、读、写、译五项技能均衡达标，不再要求学生成为全能型的英语学习者。学生可根据自己的兴趣、特长和将来的职业规则，选择不同的技能组合作为自己的学习目标，集中时间和精力，从"菜单式"的课程中挑选自己想学、善学且一定能学好的课程。

在继续搞好英语语言教学的基础上探索外语通识教育，科学设置外语通识教育核心课程。以通识教育理念为指导，构建一个"语言＋文化＋多学科知识"的"三套车"课程设置，把英语语言、中外文化和多学科知识融为一体作为大学英语的教学内容，从而把大学英语课程改造成英语学习和技能训练、跨文化交际以及通过英语获取多学科基础知识的一门综合性、多功能的课程。

杨雯探讨了 MOOC 对我国大学英语教学课程设置的启示，提出了大学英语课程 MOOC 化、大学英语课程选修化、大学英语课程教师专业化以及国际 MOOC 课程校本化的建议。借助 MOOC 理念重构大学英语课程体系，以适应不同层次高校的大学英语教学需求。

（二）基于隐性课程视域的大学英语课程设计

隐性课程是相对于显性课程的教育模式，其正好可以弥补显性教育的劣势，提升大学英语课程教学的有效性。在学校教学情境中，隐性课程通常是以内隐形式而呈现出来的课程，其包含三方面的内容：首先，物质层面隐性课程，也就是校内的各种人文景观与自然景观共同形成的隐性课程。其次，制度层面隐性课程，是由学校的各种制度所形成的隐性课程。最后，精神层面隐性课程，由一些校内人际关系、思想观点以及校风等共同形成的隐性课程。三种不同的隐性课程不会受到固定地点以及时间的束缚，同时也不存在固化的教学模式，能够在相对自由而又宽松的环境下，潜移默化地影响学生，从而有效地解决显性课程教学的弊端，提升大学英语课程教学效率。

1. 隐性课程概述

（1）隐性课程概念

杰克逊（Jackson）于 1968 年首次提出了隐性课程的概念，假如说显性课程指的是学校教育中有组织、有计划地开展正式课程，隐性课程则主要指学生在学习环境中掌握的非计划或者是非预期的价值观念、知识以及态度等。《教育大辞典》对其做了如下定义：学校政策和课程计划中没有明确规定，无意识和非正式的学校学习经验，与显性课程相对。陈伯璋认为："隐性课程指的是学生在学习环境中所掌握的非计划与非预期的知识、规范以及价值观念。"隐性课程研究中存在很多与之相仿的名称，比如潜在课程、未预期课程等。它们都指代学生在情境中无意识获得的价值观、经验以及理想等内容。换而言之，学校情境中采用间接内隐形式呈现出来的课程，具备了潜在性、非预期性以及不易察觉性等基本特征。

（2）隐性课程的特征

不同于显性课程，隐性课程不存在统一化的教材、内容以及目标，其本身蕴含的文化、精神与伦理等相关教育要素，在将语言作为载体的英语教学中发挥了重要的作用，通过教师为人师表、良好的精神风貌、价值取向、敬业精神等行为实现隐性教育价值。隐性课程教育不仅取决于教师对于英语教学意义的充分认知与有效把握，同时也取决于教师自身的精神境界以及文化素养。教师在教学实践过程中按照教学情况对教学内容进行科学化的制定，使得学生可以感受到自身在课堂教学中的主体地位，从而充分激发学生的学习兴趣与主动性，激发其学习动机。以此为基础，学生通常富有创意性的设计符合他们自身实际情景的学习活动，在愉悦的学习氛围中保证教学效果最优化。对于大学英语教学而言，更加需要在行动以及思想上寻求突破，将显性课程作为基础，对学生开展一定程度的隐性教育，保证学生综合素质的全面发展。

2. 隐性课程视域下大学英语课程设计策略

（1）课程设计原则

隐性课程视域下大学英语课程开发需要将学生作为主体，将推动学生综合素质全面发展作为根本目标，不单单要注重对学生语言能力的培养，同时也要关注学生语言应用能力。大学英语课程设计需要注意以下几个原则：

第一，系统化原则。英语课程体系中涉及了多种多样的要素，各个要素彼此影响、相互渗透。这就要求教师在呈现英语隐性知识的过程中注重不同要素的整体化特征，兼顾不同要素的特征。有目的、有计划地将所有要素融合，充分发挥教育合力。

第二，适用性原则。在选择与学生实际情况相匹配的隐性课程教学内容的时候，需要注重专业特点、不同学生之间性格、家庭背景以及心理诉求等方面的个体化差异。教师要根据实际的情况对教学内容进行适时调整，有效激发学生的英语学习兴趣。例如，针对医学专业学生可考虑加入医学发展史、医学伦理等相关人文内容，针对男生喜欢运动的特征可以提供体育类的阅读材料，针对女生热衷于时尚的特征可以提供娱乐类的材料，通过不同方式激发学生学习积极性，适应不同人群对于英语知识的需求。同时，教师也要关注隐性课程的开展时间。每个人的记忆峰值以及集中程度不同，教师可以从学生的实际情况出发，对教学内容进行适时调整。

第三，序列化原则。大学英语各个知识点之间存在递进关系，学生各项基本能力的养成并非一朝一夕能够实现的，不仅需要小学、中学的英语知识作为基础，同时也需要大学阶段所学习的各种语法知识、单词与句子作为支撑。隐性课程的设计同样如此，在呈现知识的时候需要有一个递进的过程，过急或者过缓都不利于课程的呈现，需要有目标、有计划性地开展教学工作。

（2）课程设计

第一，课程设计目标。对于刚入学的一年级学生而言，英语学习能够为高年级学习打下基础。这个阶段的英语学习成绩将会对学生高年级英语使用能力的提升产生直接的影响。该阶段培养学生对于英语的浓厚兴趣非常有必要。教师要对该课程的学生特征以及实际教学特征有足够的了解，在教学中加强对学生英语学习兴趣的培养，使得学生可以充分认识到英语学习的乐趣。教师作为教学主体要努力提升自身的专业素养，加强知识结构更新。此外，教师还要帮助学生发挥主观能动性，积极地参与英语学习活动，并且寻求自身持续发展。总而言之，教师需要从注重传统听说读写能力的培养转变为注重学生综合素养以及跨文化交际能力的培养。

第二，教学内容设置。当前，各个高校所采用的教材各具优势与特征，不同教材关注的焦点和忽视的内容存在差异性。要对教学内容进行优化与健全，既要依托教材，同时也不能完全局限于教材，教学内容要满足社会对人才培养的要求，保证教学内容与时俱进。伴随着社会的快速发展，教师也要通过多种渠道获得与社会发展相匹配的教学信息以及素材，比如大量的音像资料以及原版阅读刊物，合理使用网络资源，将其融入英语课程教学内容中，为学生提供更加丰富和多元化的信息。学生在开展英语阅读活动的时候，不仅会遇到语法以及词汇问题，也会遇到对文章背景了解不足的问题。教师要向学生介绍和阅读材料相关的文化知识，让学生不仅学习到英语知识，同时也能够深刻地理解英语文化，加强学生跨文化交际的能力。

（3）教学方法选择

大学英语教学方法需要按照学生实际要求设定，并且根据教学内容随机变动。通过多元化的教学方法充分激发学生的学习积极性，加强学生英语学习的信心。在设定课堂活动的时候要力争所有学生都可以积极而又投入地参与其中。比如，让学生参与课堂辩论、演讲、学习报告、小组讨论、角色扮演以及模拟对话等多种活动，通过各种交际活动活跃课堂氛围，同时也提升学生的语言使用能力。在教师创设的英语应用机会的进程中，学生从被动逐渐转变为主动，有助于其自主探究能力的培养，拓宽视野。

在实践教学活动中，每个学期开始的时候，教师都要确定学生的学习目标，并将其灌输给学生，明确学生的学习思维理念，便于学生更好地掌握学习节奏，调整学习步伐。此外，教师要定期为学生布置各种各样的论文任务，让学生写新闻简述、电影观后感以及英文小说概要。英语教师要对其写作情况给予及时反馈，并有效指导学生加以改进。在活动开始时，教师需要将一些教学素材如名著与电影以列表的形式呈现，让学生从中挑选喜欢的内容。这有助于引起学生的学习兴趣。

第三节　大学英语教学的方法与原则

要想有效完成教学内容，顺利实现教学目标，就需要采取合理的教学方法，遵循一定的教学原则。本节对这两部分内容展开详细的分析。

一、大学英语教学的方法

在大学英语教学研究中，教学法是讨论最多的。这是因为英语教学是一种教育活动，为了保证实现良好的教学效果、完成教学任务和教学目标，教师就必须采用恰当的教学法。的确，在其他条件相同的情况下，使用不同的教学法会产生不同的教学效果。教师必须对这些教学法有一个基本的了解和掌握。

（一）语法翻译法

语法翻译法又称为"古典法""翻译法""阅读法"等，是指通过翻译来对比母语与英语语音、词汇、语法之间的相同点和不同点，从而实现对英语的掌握和运用。在双语教学中，语法翻译法是一种比较常用的方法，因为其主要侧重于培养学生的阅读能力，使学生能够利用母语掌握两种语言的异同，进而熟练运用两种语言。

语法翻译法主要是以教师为中心，由教师向学生灌输英语知识和技能。在课堂上，教师主要是讲授，学生主要是记笔记，即使是提问，学生回答的内容也是之前讲过的规则。同时，语法翻译法主要是使用母语，然后通过翻译这一手段来检查教学质量。通常来说，使用语法翻译法主要有如下几个步骤：

第一，对上堂课内容进行回顾和复习。教学活动的内容一般是背诵课文或听写单词。

第二，讲解分析新单词。教师首先将新单词的发音教授给学生，让学生反复朗读，进而熟悉单词，最后教师讲解新词并介绍其使用规则。

第三，讲解课文中的语法规则，并让学生做语法练习加以巩固。

第四，逐词逐句地讲解课文，分析章节中的句子并进行翻译。

第五，提出一些问题让学生作答，从而检查学生是否掌握了课文内容。

第六，简单回顾本堂课的内容，并布置作业。

（二）听说教学法

听说教学法又称"句型教学法"，是指以句型为中心，对学生的外语思维能力进行培养的一种教学方法。在教学活动中，听说教学法着重引导学生避免使用母语，同时注重培养学生的听说能力，对学生的听力与口语进行反复操练，最终形成英语思维习惯。

听说教学法是在行为主义心理学的基础上产生的，被国外学者称为"第三代英语教学法"。听说教学法将语言能力分解成听力、口语、阅读、写作四项能力，并沿用至今。今天的大学英语教学中仍旧可以找到听说教学法的影子。听说教学法侧重机械性的操练，因此教师在教学中会尽量使用英语进行讲解，并使用一些录音、录像等辅助设备，让学生能够持续模仿和练习，从而提升学生的语言应用能力。一般来说，运用听说教学法组织教学主要涉及如下几个步骤：

第一，通过录音、录像等辅助设备为学生介绍背景知识，在听和看的同时，教师用英语展开内容介绍。

第二，安排对话活动，可以是师生间的对话，也可以是学生间的对话，让学生练习所学内容。

第三，给出句型结构，安排学生不断进行句型操练。

第四，多次播放录音和录像，让学生记忆对话或者篇章的内容，最后让学生达到可以复述或背诵的程度。

第五，回顾本节课堂的内容，并布置作业。

（三）情境教学法

情境景教学法是师生将教学内容与场景、角色融为一体的仿真型教学模式。这一教学法消除了传统教学法的一些弊端。实践证明，情境教学法是对以讲授、问答、练习为主的教学法的补充。它不仅有利于提升学生的语言运用能力，还有助于提高教师的教学质量。

情境教学法的实施有助于提高学生英语学习的积极性和主动性。具体而言，情境教学法包含如下几个步骤：

第一，课前准备。教师让学生对本堂课所要讲述的知识进行预习，将要模拟的案例资料预先告诉学生。

第二，创设情境。要尽可能地接近真实的场景，使学生一进入这个场景就有身临其境之感，能够迅速进入角色中。

第三，分配角色。包含独白者及场景中的各种具体角色。

第四，情境模拟。学生对案例场景进行完整的模拟。

第五，在模拟之后，教师对学生的表现进行点评，充分发现学生做得好的地方，并指出学生做得不合理的地方，然后和学生共同探讨如何做得更好。

（四）任务教学法

1. 任务教学法的内涵

关于任务教学法，布朗认为任务型教学是将任务作为教学的焦点和中心，将学习过程看成与教学课程相关的一系列为目标服务的任务的集合。任务型教学法的特点就是将任务作为核心单位来组织英语教学。它以任务大纲为依据，以任务作为单位来组织英语教学，完成教学目标。简单来说，所有教学活动都是围绕任务来展开的，并为任务服务。

任务教学法在实施中主要可以从任务前、任务中、任务后三个阶段着手，其中每一个阶段都有其自身的教学目标和方法。

任务前阶段的教学目的不仅是为了让学生将自身的已有知识激活，帮助学生构筑语言系统和思维方式，还为了使学生具备完成任务所需要的知识，减轻下一阶段的压力。其主要包含两个小阶段：一是任务准备阶段；二是任务呈现阶段。

任务中阶段就是任务的实施阶段，是学生习得语言技能的阶段。在这一阶段，任务的选择是非常重要的。教师选择任务的难度过高或者过低都不利于学生的英语学习。在实施任务时，教师所采用的方式也是多种多样的，如小组形式、结对子形式等。其中小组形式是最常见的形式。在进行小组活动时，教师应对小组任务、个人任务都有明确的规定，并且给予学生恰当的指导。另外，为了鼓励学生，教师也应该作为小组中的成员参与其中，这样可以更好地了解学生的学习情况，以便及时进行监督和指导，从而保证任务完成的质量。

任务后阶段主要涉及任务的汇报和任务的评价。在完成任务之后，教师可以让小组代表汇报任务完成的情况。这个代表既可以由教师指定，也可以由小组成员决定。当学生汇报任务时，教师并不是让其自由发挥，而是给予一定的帮助和指导，以确保汇报更加自然和准确。当各个小组汇报完之后，教师应该对学生的汇报情况进行评价，指出每组活动的优缺点，并选出最佳小组。这不仅可以让学生品尝到成功的喜悦，也可以帮助学生认识到自己的缺点，同时也能够对他人有一个理智的、正确的认识和评价，帮助学生形成良好的评价思维。

2. 任务教学的重要性

许多教学方法研究者对语言输入的性质并不十分注重，而是强调学生参与的学习任务，他们一致认为学习语言不能脱离语境而获得，更不能专学一些语法知识，而只有通过更进一步的语言体验才能习得。也就是说，没有必要正规地学习语法，而只要求学生自觉地运用所学语言进行交流活动。学生之间交流得越多，就越善于运用语言。

任务型学习是双边或多边的交互式活动。在活动中所学语言是交际的工具，学生能够感受到知识和技能在交际活动中的相互作用及其价值，因而其自觉性和主动性也会随之加强。

3. 任务教学的原则

（1）语境真实性原则

教学任务的设计要依据学生的心理需求，内容要尽量贴近学生的日常生活。这样，学生对自己所熟悉的东西就会有话可谈，就会乐于开口，并在这种真实自然的情境中来体会语言。因此，教师在课前要精心设计教学任务。

（2）可操作性原则

教师在设计教学任务时，所选内容应适合在课堂中操作。另外，教师还应考虑本校的实际教学环境，是否具备实施教学任务的教学设备。

（3）互动合作性原则

任务型教学是一种交际教学方法，强调师生、学生之间的相互交流。师生之间的互动是知识的双向交流，而不是知识的单向传授，教师不是"主演"。学生之间通过个人、小组、集体多种形式相结合，完成共同的任务，进行有明确分工的互动性学习。

4. 任务型教学的教学步骤

英语语言学家威利斯（Willis）提出了任务型课堂教学的三大步骤。

（1）前任务（Pre-task）

教师在组织学生进行课堂任务之前先呈现任务，即介绍任务的要求和实施任务的具体步骤，也可借助多媒体使任务呈现得更加明确，更加生动形象，也更能激发学生的兴趣，使之更加积极地参与活动。

（2）语言重点（Language-Focus）

任务完成后，教师要围绕新知识点启发学生进行讨论，使其掌握新的语言点，并指导学生进行有意义的交际操练，进而达到学习语言并运用语言的目的，真正做到"活学活用"。

5. 任务型教学模式在英语教学中的运用

（1）阅读准备阶段

教师通过活动，激活学生头脑中已有的知识，为下面的阅读做好准备。这一步骤类似于通常说的导入，不同的是教师由过去的背景知识的介绍者，变为活动的组织者、任务的提出者，以及激活学生头脑中已有知识的帮助者和引导者。

（2）阅读理解阶段

这一步骤是由学生自主完成的，是一种个体完成的任务。教师的作用是对学生的阅读过程进行控制，以及对任务的完成情况进行评价。学生的阅读活动一般分两个步骤进行——速读和精读。教师通过阅读问题来引导学生有目的地完成速读和精读，并通过学生的回答来检测学生的阅读效果。

（3）语篇分析阶段

这里所指的语篇分析并非语法以及词汇的讲解，而是在教师的引导下，结合阅读材料的语篇内容和语篇结构，指导学生整体把握、深入理解语篇，并建立相应图式。这一环节的活动多为小组活动，通过学生合作画出课文的结构图来帮助学生建立清晰的关于课文的图式。

（4）课文巩固深入阶段

这一环节容易与操练相混淆。不同的是，操练强调的是语言的形式，无现实意义；而任务型课堂中为了巩固所学知识所进行的活动侧重语言的意义，且具有现实场景。

（5）课文学习的延伸阶段

学生阅读的目的是获取信息，也是为更广阔的交流提供保障。而在课堂上教师为学生提供一个进行更广阔交流的机会和环境，可以使学生产生进一步阅读相关内容的兴趣。在全班范围内交流，大家共同分享成果。

（五）分级教学法

分级教学又称"差异教学"或者"分层教学"，是当前大学英语教学的主要方法和趋势之一。分级教学法的理论基础是因材施教理论和"i+1"理论，这两大理论都是以学生为中心的。对分级教学法有科学的了解和把握，有助于优化师资力量、提高教学水平、调动学生的积极性和主动性。下面对分级教学法进行重点分析和探讨。

分级教学的实施标志着我国大学英语教学从传统的教学模式向现代教学模式转变，充分体现了以学生为中心的教学理念。在具体的实施过程中，大学英语分级教学模式应注意科学合理地分级、提高分级区分度、尽量避免负面影响、贯彻好升降调整机制等。

1. 科学合理的分级

科学合理的分级对于分级教学来讲十分重要，因为它是分级教学最终能够达到良好的教学效果的关键和前提。为了实现分级的科学性，在实施分级时要遵循以下两个原则：一是统一考核分级与个人意愿相结合；二是考试结果与实际水平相结合。为做到统一考核分级的科学性，需要注意分级试题和标准的科学性。通常，分级试题要根据《大学英语课程教学要求》规定的各级词汇量，有层次、有计划地准备多套成熟的分级试题。分级编班一般在学生入校时就需要做好，在具体的实施过程中应注意以下两点：首先，要以系为单位。以高考成绩为基础，结合分级考试成绩为学生安排班级。其次，要仔细了解学生对分班的学习需求和个人意愿，充分尊重学生的意愿，激发学生的学习积极性。

2. 提高分级区分度

一般情况下，分级分数线是根据考试成绩来设定的，如高考成绩或摸底成绩，但是这样很难准确地测试出学生的实际英语水平。学生对摸底考试的重视程度不同，导致的最终结果也存在明显的差异，甚至很多学生由于几分之差而落选高级班。这对于这些学生来说是不公平的，也失去了分级教学的价值。为了使分级具有较高的区分度，可以让广大学生参与分级，使学生从单向选择转向多向选择。具体做法是：刚开始以考试成绩作为参考进行摸底，但同时要公布不同级别学生的不同点，以及这些学生在听、说、读、写、译各层面上的最终目标和学习要求，由学生根据自己的学习情况来自动申请级别，最终再由学校进行考核。这种分级方式不仅可以调动学生的积极性，还可以增强学生的自觉意识。

3. 尽量避免负面影响

分级教学法是当前大学英语教学法的新事物，在管理方面、组织方面也存在不可避免的缺陷，如对学生的考勤情况难以操控、操作过程过于复杂、很难培养学生的归属感等。这些问题在一定程度上对分级教学法的实施产生了影响。但是，要想建立起一套完整的教学法机制，首先就需要对这些问题予以正视，并努力制定完善的制度规范，从而避免这一教学法产生负面影响，使分级教学法发挥最大的作用。

4. 贯彻好升降调整机制

所谓升降调整机制，是指按照考试成绩和学生自愿的原则，在一定范围内对学生的级别不断调整，使学生的级别能够随着学习成绩、对英语的学习兴趣等的变化而变化。简单来说，对于进步的学生安排升级，调动学生学习的积极性的同时，也能为其他学生树立榜样；对于退步的学生安排降档，从而对其进行刺激，使这些学生不断努力来赶超前面的学生。

（六）交际教学法

交际教学法产生于20世纪70年代的西欧共同体国家，又可以称为"功能—意念法"或者"功能法"，其是建立在海姆斯、卡纳尔和斯温理论的基础之上的。该教学法强调学生的中心地位，注重教学过程的交际化和教学内容、教学方式、教学环境的真实性，且侧重实践模拟。

在交际教学法的实施中，小组活动是最常见、最有效的一种途径。小组活动是将学生划分成若干个小组，由小组内部成员共同完成教师布置的任务，并在实践中不断提升自己的交际能力。小组活动的目的是不断提升学生的语言交际能力，给学生提供更多交际的机会。具体而言，小组形式的交际教学实践活动可以划分为以下几个步骤：

第一，对小组进行划分。首先，要确定小组的规模，一般认为 3 ~ 6 人是最适宜的人数，这样有助于学生进行面对面的交流和练习。其次，还要确定小组内成员的语言能力，一个小组内成员的语言能力不可能都偏低或者都偏高，应该均衡搭配。

第二，教师对小组内成员进行角色分配，确定组长、副组长。这主要是为了协调小组活动。

第三，布置具体的交际活动。活动的主题和素材应该从大多数学生的实际情况出发，并且每个活动都应该选择一个恰当的、合理的主题。

第四，让学生们根据这一主题展开讨论。

第五，教师对学生进行提问，激发学生积极参与的热情。教师在提问时应该先整体后局部，并给学生留下充足的时间去思考，最后让学生给出答案。

（七）个性化教学法

英语教学是面向学生的，因此要坚持以学生为中心。学生不同，其心理特征、精神面貌也存在差异。必须尊重学生的个性化特征及其身心发展的客观规律，这也是国家对大学英语教学工作最起码的要求。另外，不同的学生、不同的个体、不同的特征也要求大学英语教学应该将侧重点放在学生自身的爱好和特长上。在大学英语教学中应采用个性化教学法，这不仅有利于提高教师教学的效果，也有助于促进学生的全面发展。

受教学理念、教学目标、教学技术等不断发展的影响，英语教学应该实施个性化教学法。在英语课堂教学中，教师采用个性化教学法可以发挥学生的个性特点，展现学生的个性优势，提升学生的个人能力，从而必然会提高英语课堂教学的效果。但是，如何实施个性化教学法呢？

首先，要尊重学生的个性发展。我国当前的教育教学十分关注学生的素质教育，而素质教育和学生的个性发展有着紧密的联系，两者是相互依赖、相辅相成的。在大学英语教学过程中，教师必须要重视个性化教学对素质教育的意义，同时加强学生思想品德的培养，提升学生的综合素养。

其次，要尊重学生的主体地位。在英语教学中，学生占据主体地位。教师应该以学生为中心，尊重学生的主体地位，只有这样才能突出学生的主体地位，充分发挥学生的主体作用，提高学生英语学习的积极性和主动性，从而有效地提高英语教学效果。

最后，要尊重学生的自尊心。自尊心是任何人类行为中最有渗透性的方面，对人类行为具有十分重要的影响。甚至可以说，一个人没有一定程度的自尊心、自信心和对自己的了解，就无法进行任何关于成功的认知和情感活动。就英语教学而言，学生的学习效率和效果受到自尊心的重要影响，而学生的自尊心在很大程度上来源于教师对学生的尊重。每个教师都有责任尊重学生的自尊心，即使学生身上有各种各样的缺点，教师也不应表现出忽视或轻视的态度，而应多关注学生身上的闪光点，并予以肯定，这样才能帮助学生更好地进步。

二、大学英语教学的原则

教学原则是教师根据一定的教学目标，并遵循一定的教学规律来指导教学的一项基本要求和行为准则。大学英语教学的基本原则不仅应该反映英语这门学科的特点，也应该反映学生学习英语的心理特点，同时还应该反映中国人教授英语与学习英语的特点。在具体的教学实践中，很多专家学者总结了一些基本的教学原则，用以指导当前的大学英语教学。

（一）学生中心原则

学生是教学活动的主体与内在因素，因而在英语教学中应坚持"以学生为中心"的原则，充分发挥学生的主观能动性，从而使教学质量得以提高，教学任务顺利完成。

学生中心原则指的是在教学中从学生的实际情况出发，进行教学活动的设计与开展。具体来说，学生的实际情况包括真实的学习目标、真实的学习兴趣、真实的学习动机、真实的学习机制、真实的学习困难。

在具体的教学实践过程中，教师应该在考虑上述因素的基础上，鼓励学生积极参与教学活动，获得知识的体验，培养学生的语言能力、交际能力及应用能力。

在以学生为中心的教学原则下培养出的学生能够感受到自身在英语教学与学习中的地位，从而以主人翁的态度进行英语学习，在学习上也会更加主动、积极。思辨能力的培养也应该以学生为中心来展开，重视学生在教学和能力培养中的中心地位。

（二）交际性原则

交际性原则符合英语教学的最终目的，是大学英语教学的重要培养原则之一。具体来说，遵循交际性原则下的英语教学需要注意以下几个方面的内容：

1. 重视英语教学的交际工具作用

英语是人类语言交际的重要工具，其通用语言的地位提高了人们对其的需求性。大学英语教学的目的是让学习者了解英语语言，从而掌握使用英语进行交际的技能。

大学英语教学需要在以学生为中心的原则下，在交际性原则的指导下进行教学活动。在课堂教学过程中，教师需要重视交际性语言的教授，增强教学和实际交际的联系，切实发挥英语课堂教学的重要性。

除了在高校英语课堂教学中重视交际性之外，在学生的学习中也需要体现出交际性。教师需要将教学活动和语言的应用活动相结合，从而在整体上提高学生的英语交际能力。

受我国第二语言学习环境的影响，课堂教学成了实现语言交际的重要途径，师生间、学生间的交际成了主要的语言交际行为。鉴于课堂教学的重要性，教师可以利用相关的教学资料，为学生创设不同的语言交际情境，让学生能够感受到英语交际的实用性。在交际性原则培养下的英语学习者，往往对英语学习更有兴趣。

2. 重视语言语境的影响作用

我国传统的大学英语教学主要将教学重点放在语言知识的讲授方面，对于学生的交际能力培养有所欠缺，使其难以在日后的跨语言交际中灵活使用英语。

为了提高学生的交际能力，教师应该重视语言语境的影响作用。具体来说，语境主要包括时间、地点、交际者、交际方式、谈话主体等。

交际语境的不同，即使使用相同的语言表达方式也可能出现不同的交际效果。大学英语教学中应该重视语言语境的影响作用，培养学生对语境的适应性和灵活性。例如，教师可以在课堂上创设不同的语言使用情境，让学生分角色扮演语境中出现的人物，并使用英语进行表达。这种练习活动不仅能够增强师生之间的交流，对于学生掌握语言也大有裨益。

3. 重视语言教学的生活性

大学英语教学是为学生的生活服务的，因此在教学中需要重视教学的生活性。教师可以将教学内容和学生所关心的话题进行整合，给学生提供充足的、内容丰富的学习资料。由于这些教学内容与学生的生活息息相关，会引起学生的共鸣，最终可以调动学生的学习意识和参与意识，促进教学效果的提高。

（三）兴趣性原则

兴趣是进行英语学习的重要推动力。在强烈的英语学习兴趣下，学习者的语言学习效果会大大提升。学生能够用积极的态度探索不同的学习领域，在探索过程中又会增加对英语学习的兴趣。

大学英语教学也应该重视兴趣性原则的影响范围，充分调动学生的情感因素，激发学生对英语学习的兴趣，从而营造一种积极向上的英语学习氛围。具体来说，兴趣性原则指导下的英语教学活动可以从以下几个方面着手：

1. 充分了解学生的特点

由于年龄、性格、学习阶段的不同，学生所表现出来的特点也不尽相同。教师应该充分了解每名学生的特点，从而在尊重学生的基础上，提高学生学习英语的兴趣。在大学英语教学实施中，教师需要从学生的生理、心理特点出发，制定不同的英语教学计划，选取灵活多样的教学手段，让学生切实体验到英语学习的乐趣。

2. 改变传统的英语教学方式和评价方式

传统的大学英语教学主要是通过死记硬背的方式来进行教学的。这种"填鸭式"教学在英语学习的初级阶段可以收到一定的成效，但是在大学英语教学中却收效甚微。鉴于此，教师应该创设符合学生真实水平的教学内容，教学策略和实践也需要开发学生的英语思维，帮助学生内化与吸收语言知识，从而为日后的语言交际打下基础。

3. 对教材进行深度挖掘

教材是教学的指导性文件，在教学中有着举足轻重的作用。高校英语教师在教学前应该认真、透彻地研究教材，挖掘教材中学生的兴趣点，避免枯燥的教材对学生造成负面影响，从而调动学生学习的积极性。

（四）发展性原则

所谓发展性原则，就是要保证所有学生的智力和非智力因素都得到发展。发展所有学生的智力因素与非智力因素既是教学工作的起点，也是教学工作的终点，还是衡量教学效果的重要标准。

大学英语教学过程既是学生认知、技能与情感交互发展的过程，又是学生生命整体的活动过程。学生的发展可以看成一个生命整体的成长，并且这个发展过程既有内在的和谐性，又有外在能力的多样性及身心发展的统一性。要实现英语教学的发展性，需要做到下面三点：

（1）教师要关注每个学生的成长，以保证所有学生都得到发展。

（2）充分挖掘课堂存在的智力和非智力资源，并合理、有机地实施教学，使之成为促进学生发展的有力资源。

（3）为学生设计一些对智慧和意志有挑战性的教学情境，激发他们的探索和实践精神，使教学充满激情和生命气息。

（五）综合性原则

大学英语教学还应该重视综合性原则，将语音、词汇、语法等知识进行交互教学，从而提高教学的实用性。具体来说，综合性原则指导下的大学英语教学应该重视以下几个方面的内容：

1. 整句教学与单项训练相结合

由于英语教学是为了提高学生的语言应用能力，因此在教学中，教师最好采用整句教学的方式，学生在学了语言表达之后就能直接运用，有利于学生语感能力的提高。具体来说，整句教学的顺序是先教授简单的句子，然后再教授较为复杂的和较长的句子，将整句教学和单项训练相结合。

2.进行综合训练

语言学习是一个完整的整体，需要在教学中进行综合训练，也就是结合听、说、读、写四个部分。在大学英语教学中，听、说、读、写的培养是教学的主要途径。教师可以训练学生的多种感觉器官，保证四项技能训练的数量、比例、难易程度，从而使学生完成不同的学习任务。

3.进行对比教学

由于英汉语言的差异性，在大学英语教学中还需要进行对比教学，引导学生在语言使用中学习单词、语法、语音。这种对比教学的方式能够保证整体教学效果的提高。

（六）渐进性原则

大学英语教学中的渐进性原则指的是具体的教学活动要根据学生的特点、年龄进行，要符合人类认知的规律及心理特征，做到由浅至深、由易到难。

循序渐进有利于将学生的已有知识、生活经验及好奇心联系起来，有助于学生认清事物发生及发展的过程，明晰所学内容的条理，逐步掌握解决问题的方法，形成解决问题的能力。贯彻这一原则需要做到如下几个方面：

（1）精心设计每个教学环节，明确各个教学环节的目标，选择最佳的方法及手段，使知识呈现生活化和生动化，使形象与抽象逐步过渡、操作技能与逻辑思维的发展有机结合。

（2）保证每个教学环节过渡自然，做到承上启下。

（3）有序拓展知识网络，使学生懂得每一次的学习都是知识的又一次积累和补充，以便形成较为完整的知识体系。

（七）灵活性原则

语言处于不断变化发展的过程中，是一个充满活力的开放性系统。大学英语教学也要遵循灵活性原则。

1. 语言使用要有灵活性

学习语言的最终目的是交流沟通。教师要通过自身灵活地使用英语带动影响学生使用英语。在课堂教学中，教师应尽可能多地用英语组织教学，使学生感到他们所学的英语是活的语言。此外，教师还可以通过灵活的作业为学生提供灵活使用英语的机会。

2. 学生的学习方法要有灵活性

在大学英语教学中，教师需要积极探索符合学生学习规律和心理、生理特点的自主学习模式，从而帮助学生提高自主学习能力，使学生能够进行自我激励和监控，从而提高语言技能。

3. 教师的教学方法要有灵活性

英语教师在讲授语音、词汇、语法等语言知识和培养听、说、读、写、译等语言技能时要具体问题具体分析，要根据不同内容采取不同的教学方法。

（八）文化性原则

文化导入也是英语教学的重要原则。我国的英语教学将培养学生的英语交际能力作为教学的重点，而成功的交际既需要语言知识，又离不开文化知识。

在英语教学活动中，教师可以从以下几个方面来进行文化教学：

第一，注意捕捉教材中的文化信息。

第二，运用真实的情境教授文化知识。

第三，认真分析中西方文化的差异。

第四，充分利用多媒体与网络进行教学。

（九）持续性原则

在完成基础英语教学阶段的学习之后，学生还要向更高级别的英语教学阶段发展，继续进行英语学习，因此在英语教学中，教师就要坚持可持续发展原则，在实践中自觉为学生打好向高级阶段学习的基础。具体可以从以下两个方面入手：

1.做好知识的前后正迁移

遗忘是学习任何知识都不可避免的问题，因此学生必须通过巩固来习得语言知识。但是，仅凭巩固往往得不到满意的效果，而应在教学中培养学生的英语实践能力，也就是在发展中达到巩固，以巩固求发展。而巩固性和发展性需要在概念同化、知识和技能的迁移中体现出来。

因此，教师应尽可能通过各种方法来增大正迁移量，以便学生更好地掌握知识和提高实践能力。

2.培养学生学习英语的正确态度

培养学生学习英语的正确态度也能提升学生学习英语的持续性。具体来说，教师应该重点培养学生积极的、勇敢的学习态度，要让学生感受到英语学习的乐趣，同时要锻炼学生敢于使用英语进行交际的能力，要使学生将英语学习作为自身成长的一部分。

此外，教师还应着重培养学生的自信心和克服困难的意志。陈琳、王蔷、程晓棠等提出了几个培养和发展学生积极情感态度的建议：

（1）结合外语学习内容讨论有关情感态度问题。

（2）建立良好的师生关系。

（3）建立情感态度的沟通和交流渠道。

持续性原则的提出有助于学习者语言能力的不断发展，需要教师和学生不断努力。从教师的角度来看，教师应该做好知识的迁移，让学生提高对知识的应用能力。从学生的角度来看，学生应该培养英语学习的正确态度，在思辨性思维的作用下提升英语自主学习能力和应用能力，提高自身的文化素养和语言能力，最终能够达到使用英语进行交际。

（十）以就业为导向原则

以就业为导向原则主要适用于高职英语教学。这是因为高职英语教学具有特殊性，其教学过程更加注重实用性、准确性。大致而言，该原则需要高职英语教师注意以下几个方面：

第一，在教学过程中所讲授的内容要与高职学生未来所从事的职业紧密相关。

第二，在开展语言方面的实践训练时争取实现"零过渡"。换言之，高职院校可以与企业、事业单位进行有效合作，为学生提供更多的就业实践机会，从而在他们的帮助下顺利完成英语教学任务。

第三，《关于全面提高高等职业教育教学质量的若干意见》中指出，高职英语教学应该以强化学生职业能力的培养为导向，推行"双证书"制度，力争实现具有职业资格证书的 80% 的毕业生都能取得"双证书"。该政策就是倡导高职院校可以与社会上的一些"考证"机构合作，帮助高职学生在毕业时可以取得双证或多证，为自己的未来发展谋取更多的出路。

第四节 大学英语教学的语言认识及语言教学

一、大学英语教学的语言认识

（一）语言的定义

首先，语言是一种系统。语言不是杂乱无章的，不是语言材料的任意堆砌，语言材料的任意堆砌不可能进行有效的交际。要有效地进行交际，就必须用有一定内在联系的一系列的规则来支配语言，这种有一定内在联系的一系列的规则就是一种系统。凡是系统都包括一系列既相对独立又以一定的方式互相联系的子项。系统由子项组成，又以一定的方式统摄、规约子项。在大的系统中，子项也是系统，作为系统的子项叫作子系统。无论是系统还是子系统，其内部各组成成分之间都有一定的内在联系，并受一定的规则的支配。而语言就是一个大的系统，它包括语音系统、词汇系统、语法系统、语用系统和文字系统等子系统。

其次，语言是一种音义结合体，语言在本质上是口头的。书面语言的产生远远落后于口头语言，它最初只是以文字形式对口头语言的记录。书面语言产生以后虽然也有自身的发展，逐渐形成了自己的特点，并且反过来反映口头语言，但是毕竟不能脱离口头语言。

语言表达要达到交际目的，不但要讲究语言的正确性，而且要讲究语言的得体性。所谓语言的正确性，就是语言中的语音、语法结构等都符合语言规则；所谓语言的得体性，就是表达的内容和对语音形式、词、语法结构、应对方式等的选择都符合交际对象、交际目的和交际场合的特点。语言的正确性是由语言规则决定的，语言的得体性是由语用规则决定的。

（二）语言的特征

1. 语言的交际性

人类的交际工具不只是语言，旗语、电报代码、手势、体态等都可以在某种范围内作为人类的交际工具。语言服务的领域非常广阔，生产领域、经济关系领域、政治领域、文化领域以及人们的社会生活、日常起居无所不包。在交际过程中它不仅能交流思想，还可以传达彼此的情感，虽然人们的手势、体态等各种伴随动作也能传达情感，甚至还可以脱离语言独立地完成某些交际任务，但它们毕竟是非语言的交际工具，所表达的意义非常有限。至于聋哑人的手指语，那是为了帮助失去说话、听读能力的聋哑人进行交际，人们按照正常人的语言设计的一套特殊的语言。

认识语言的交际性对英语教学具有重要的启示。英语教学的目的是培养学生为交际掌握运用英语的能力。语言是重要的交际工具，英语作为语言是重要的国际交际工具。在教材的编写、教学内容的安排上，也要考虑作为交际运用英语的总出发点。选择那些日常生活中常用的话题和话语以利于进行言语交际活动。

2. 语言的思维性

语言是思维活动的媒介和工具。思维活动是在语言基础上进行的，思维离不开语言。英语教学也要养成使用英语进行思维和交流思想活动的能力。如果英语教学过程中不能养成使用英语理解和表达思想的能力，就难以掌握地道的英语和英语的精神实质。在用英语表达思想时，学生可以在头脑中用母语把思想描绘好，然后再译成英语来表达。在听英语时，学生就会先在头脑中把英语译成母语，方便理解。

3. 语言的有声性

有声性是语言外壳的有声实质。有声性是语言最本质的自然属性，音义结合是语言的起点和终点，音形义结合是语言的完美组合。人们之所以能感受和运用语言，是由于有了由口腔发出的语音作为物质外壳，使语言成为物质的、现实的、听得到、说得出、看得见、写得出的语言。

口语具有及时性、暂留性和临场性三个特点。及时性指讲话必须一句接一句，中间不允许有较长时间的停顿。暂留性指一句话讲出来，留在记忆里的时间很短，一般人听连续的语流，精确地留在记忆里大概不超过七八秒钟。临场性指演讲者通常会作出及时的反应，或欢声笑语，表示赞同；或摇头皱眉，表示反对；或兴趣盎然，情绪热烈；或表情冷漠，心不在焉；等等。另外，口语结构简单，常用省略式、简短式的语言。

4. 语言的任意性

第一，音义的结合是任意性的，即什么样的语音形式表达什么样的意义内容，什么样的意义内容用什么样的语音形式表现是任意的。世界上之所以有多达5500种语言，就是因为人类创造语言时在选择语音形式表达意义内容方面的不一致，因此形成了不同的语言。由于语言具有社会属性，不是自然的，语音形式和意义内容之间没有必然的本质的联系，完全是偶然的、不可解释的。

第二，不同语言有不同的音义联系。

第三，不同语言音义联系不对等。同样的语音形式，在不同的语言中可以代表不同的意义，而同样的意义在不同的语言中可以用不同的语音形式表达。

第四，同一语言的音义关系也有任意性。如汉语有众多的方言，同样的事物在各个方言中也有不同的读音。不同方言之间，语言的音义联系也不是完全一致的。同一语言中不同方言的语音差别，也说明了音义联系是具有任意性的，不然，就不会存在什么方言差别了。

5. 语言的情感性

语言有表情达意的作用，有最完备的表情达意的功能。人们在发出分音节的有声语言时，常伴随着手势、眼神、脸部表情和身体动作等以加强表达感情的作用。语言交际活动是处于表情、动作等非语言工具的范围之中，所有这些表情动作的目的都是加强有声语言和加深表达情感的印象。

非语言交际方式可分为三种类型：无声的动态、无声的静态和有声而无固定语义的伴随语言。无声的动态指用点头表示同意、肯定或加重语气和表示满意的情感。无声的静态可以表达语义和情感。人站着一动不动，表达呆若木鸡的语义或惊奇、悲哀、害怕、漠然等不同情感。伴随语言是一种有声的，但是非语言的，诸如各种笑声、哼哼声等。单就笑声就有哈哈大笑、傻笑、咯咯笑、捂着嘴笑、皮笑肉不笑、苦笑、甜蜜的笑、微笑、讥笑、冷笑、假笑、阴险的狞笑、谄媚的笑，等等。

（三）语言研究理论

1.语言的内部研究

语言学是对语言的科学研究。发展到今天，语言学的分支相当多，这也说明了语言学是一个成熟的学科。语法学研究连词成句等制约语言行为的规则。一种语言的语法是该语言的语法规则的总和，而语法研究的对象是制约语言行为的规则。但是各研究者的出发点可以各不相同，大体上有下列各类：从研究方法看，有实证主义的语法和唯理主义的语法；从研究对象的时限看，有贯穿不同时期的历时语法和属于同一段时间的共时语法；从研究者的社会目的看，有规定性的语法和描写性的语法；从研究者的教育目的看，有供语言学研究的语法和教学用的语法；从研究的语言范围看，有普遍语法和语别语法。

语用学研究语言符号和语境信息互动产生语用意，是语言学不可分割的组成部分。人们对语用学产生兴趣。首先，结构主义语言学，特别是它的描写学派，力求把研究的范围仅仅局限在语言单位之间的形式关系方面，有意地尽量不涉及意义，"把意义排除在外"。起初是一般的涉及，后来语义分析日趋详尽。这样，不仅在词汇领域，而且在句法领域，语义研究均跃居领先的地位。在转换生成语法的语义学理论中，语句是跟虚拟的、抽象的语言使用者发生联系的。而现实中运用语言的人及其感情、相互关系、意图和目的等则被排斥在分析之外。从20世纪70年代初期开始，"语用学"这一术语以及相关的概念便日益频繁地出现在不同学派语言学家的论著中。语用学的任务就在于揭示在特定场合下，说话者的言语条件是什么，说话的目的何在。

2.语言的外部研究

心理语言学是研究语言活动中的心理过程的学科，它涉及人类个体如何掌握和运用语言系统，如何在实际交往中使语言系统发挥作用，以及为了掌握和运用这个系统应具有什么知识和能力。从信息加工的观点来看，心理语言学是研究个体言语交往中的编码和译码过程。由于研究对象的特点，其与许多学科有密切关系，除心理学和语言学外，还有信息论、人类学等。但在方法上，它主要采用实验心理学的方法。

社会语言学是 20 世纪 60 年代在美国首先兴起的一门边缘性学科。它主要是指运用语言学和社会学等学科的理论与方法，从不同的社会科学的角度去研究语言的社会本质和差异的一门学科。其研究内容涉及七个方面：说话者的社会身份、听话者的身份、会话场景、社会方言的历时与共时研究、平民语言学、语言变异程度、社会语言学的应用。它的视角涉及语境、语言的历时与共时。它的重点放在"语言变异"，社会语言学本身也是以变异为立足点的。

社会语言学现在已取得了一些明显的进展。随着 20 世纪 60 年代以后语言学家对语言异质性认识的加深，社会语言学又发展出交际民族志学、跨文化交际、交际语言学、语言社会化和语言习得、会话分析、语言变异研究等学派。

（四）人本主义语言学习理论

1. "以学生为中心"英语教学法的指导思想和教学原则

"以学生为中心"的英语教学法的指导思想是：英语教学活动要以学生为中心，以满足学生在知识上、感情上、智力上、能力上得到提高的需求为目标，充分调动学生在英语学习全过程中的积极性和主观能动性，不断在语言实践中提高学生掌握和应用英语这一沟通工具的能力与熟练程度。在"以学生为中心"的英语教学环节中，学生处于第一位置，教师处于次要位置。实施"以学生为中心"的英语教学法之教学工作重点是如何最大限度地发挥学生在学习过程中的主动性。在"以学生为中心"的英语教学法中，教师仍应充分发挥其在教与学环节中的主导作用。教师在整个教学过程中应充分调动学生的积极性，有效地组织起"以学生为中心"的生动活泼的课堂教学活动，及时发现他们的困难，为学生排忧解难，成为他们学习的引路人。

2."以学生为中心"英语教学法的具体实施

（1）英语口语课教学的实施

"以学生为中心"的口语课堂，应该成为学生用英语来表演的舞台，成为学生用英语"谈天""辩论"的场所，这就需要教师充分利用教材的各项口语教学内容来引导学生开口。英语教材中所设计的训练题材丰富、内容广泛，而学生虽然大多处于兴奋想开口的心理状态，但又不知如何开口或羞于开口。这时教师需要采用轻松、多样的教学组织方式来营造轻松、愉快、和谐的课堂气氛，使学生融入谈天说地的舞台中。

（2）英语精读课教学的实施

在英语学习的过程中，应该是学生学习语言，而不应该仅仅是教师讲授语法。教师在引导学生进行精读教学时，仍然要坚持"以学生为中心"的基本原则，保证让学生成为积极主动的知识吸收者，而不是被动消极的语言录音机。传统的课文阅读活动是靠教师的讲授来完成的。现在，教师可以引导学生带着发现问题的任务在一定时间内读完课文，并自行讲解所发现的语法点、语言点。在阅读理解课上，教师要给学生提供充分的运用语言技能的场所和机会，才能使学生更好地完成围绕主题文章所设计的课后练习，使他们体验到积极参与语言阅读活动的乐趣。

二、大学英语教育教学中的语言教学

（一）英语阅读教学综述

语言教学始于中世纪末的英国，但是英语教学的真正起源应该从 18 世纪算起，所采用的方法是语法翻译教学法。阅读教学一直伴随着英语教学的始终。

语法翻译教学法以书面语为教学材料，主要通过词汇的学习、语法的掌握、句子结构的分析以及翻译活动来培养学生的阅读能力，这对后来的英语教学产生了深远的影响。在 20 世纪 60 年代中期以前，指导英语阅读教学的理论主要来源于传统的语文教学。这种理论认为，通常英语阅读在弄懂词汇的基础上就自然达到了理解的目的。这种理论片面强调词汇在阅读理解中的作用，忽视了阅读过程中其他因素的作用，从而使读者拘泥于词句理解，被动地参与阅读教学。

将认知理论系统地应用于阅读理论的研究之中，为读者提供一种获得某种含义的途径。读者最终能否理解，首先取决于读者的认知结构。改善读者的背景知识就能改善读者的理解能力，背景知识同语言知识同等重要，二者相辅相成，是阅读过程中密切相关、不可分割的两个方面。自此之后，阅读理论的研究不断深入，并开始重视阅读的心理机制以及受这种心理机制影响的信息传递和信息处理过程，并通过对阅读行为的分析展示阅读能力的构成成分。研究结果显示，阅读过程并不是简单的信息传递和读者被动接受信息的过程，而是读者不停地对视觉信息进行解码、加工和处理的过程，涉及读者的预测机制、认知能力和语篇分析能力。理论研究者提出了各种阅读模式，用来解释阅读过程，如自下而上模式、自上而下模式、交互模式和图式理论等，这些阅读模式为阅读策略研究以及阅读教学提供了坚实的理论基础。

（二）阅读教学的理论基础

1. 语篇分析

（1）衔接

衔接是语篇特征的重要内容，它指通过语法和词汇手段把语篇中的句子或较大的语段的意义紧密联系的现象。

参照。有些语言单位本身不能作出语义解释，需要参照另外的一些单位才能明确它们的意义，这些单位之间就构成参照的关系。从所使用的语言手段来看，参照包括人称、指示和比较三种方式。

替代和省略。一个单位代替另一个单位，就构成替代关系。有些单位被省略，就出现省略关系。替代和省略除了可以加强语言的结构联系外，还可以使语言富有变化，不枯燥，简洁活泼。

连接。连接成分的衔接作用是间接的，它们本身不能直接影响上一句或者下一句的结构，但是它的具体意义表明必须有其他句子的存在。连接成分表达的是语义上的关系，而不是语法关系。

词汇照应。词汇照应是指通过词汇的选择而产生的照应关系。词汇照应手段主要有重申和搭配两种。重申有重复、同义词或近义词、上下义词、概括词等四种形式。

（2）连贯

连贯指的是语篇中的语义关联，连贯存在于语篇的底层，通过逻辑推理来达到语义的连接，是一个把语篇联系起来的无形网络。一个语篇往往有一个主题，其中的所有内容都是围绕这一主题展开的，从而通过语义的关联构成一个连贯的语篇。

（3）语篇的结构

由于语篇的交际功能、语篇的主题和内容、文章的体裁、作者的风格等方面的差异，语篇的结构也多种多样，但是，同一类型的语篇也会呈现出基本相同的结构。较大的语篇通常都有开头、中间、结尾等部分。在一个语篇的内部，所有的句子都是以线性的方式依次排列起来的，但是句子之间都通过不同的关系结构连接起来。这些关系结构主要包括顺序、层次、连环和平衡。

2. 语篇理解的模式

（1）自下而上模式

自下而上模式是一种传统的阅读理解理论，它起源于 19 世纪中期，采用信息加工的理论来阐述阅读的过程，是一种文本驱动型的模式。根据这个模式，理解一个语篇，读者必须首先具备一些低级或简单的语言知识。受自下而上的阅读模式的影响，传统的阅读教学主要按照词、句子，再到语篇的顺序，按照由低到高、由简到繁的线性信息处理过程进行。教师的主要任务就是帮助学生解决语言知识的问题。

（2）自上而下模式

自上而下模式是在 20 世纪 60 年代后期，在认知心理学的影响下而发展起来的阅读理论。首先，读者预测语篇中的语法结构，运用他们的语言知识和语义概念，从语篇结构中获取意义，语篇必须含有意义并且是用功能健全的语言表达。随后，读者从书面符号中抽样以证实他们的预测。读者在阅读时不断地从三种可利用的信息中抽样——字形读音、语法和语义。字形读音信息取自书面符号，语法语义信息则要靠读者的语言能力。在抽样的过程中，读者不必看清每一个字母与单词。

自上而下模式有很多不同的变化，总体而言，它们的特点可以归纳为以下几点：认为阅读是一种主动在读物中寻找意义的思考过程；强调读者已掌握的知识与技能在理解中的作用；认为阅读是有目的性与选择性的，读者只专注于实现他们的目的为必不可少的方面；认为阅读有预见性，已掌握知识与对理解的期望以及阅读目的之间相互作用，使读者能预见读物的内容。

（3）交互模式

图式理论认为"阅读图式"可以分为语言图式、内容图式和形式图式三种。语言图式，是读者掌握的语言知识以及运用语言的能力，指读者已有的语言知识，即语音、词汇和语法等方面的知识。一般说来，读者的背景知识越丰富，就能将越多的注意力集中在高级阶段的信息处理和提出假设上，从而更好地理解文章。充足的背景知识甚至可以对较低的语言水平产生一种补偿效应。也就是说，背景知识可以在一定程度上弥补语言水平的不足，以保证读者顺利阅读文章。形式图式指读者对语篇结构的熟悉程度，即通常所说的语篇知识。

图式的类型多种多样，每个人的大脑中都储存有许许多多的图式。面对具体问题的时候，这个图式发挥作用以解决问题。当文章所提供的信息与读者的心理图式不吻合时，自下而上的材料驱动将发挥作用，帮助读者利用已有的知识选择合理的解释。同时，这两种运作的相互补充作用对于读者的阅读理解有非常重要的意义。在阅读教学中，教师应引导学生充分运用已有的图式知识去吸收掌握新的内容，充实、丰富其图式结构，这有助于提高学生的理解能力和阅读速度。

3. 阅读速度与理解率

阅读教学的目的首先在于培养学生的阅读能力，而衡量阅读能力的基本标准包括阅读速度和理解的准确率。以英语作为本族语的读者通常根据阅读目的、阅读材料的难度以及自己所熟悉的背景知识，以三种速度进行阅读：第一种速度为学习速度，这是用来阅读教科书和法律文件等材料的慢速阅读。第二种速度为中等速度，这是受过教育的本族语读者用来阅读报纸、杂志、小说及故事等日常材料所用的速度。第三种速度为略读速度，这是本族语读者快速浏览所读材料，对理解不做要求时所用的最快速度。

（三）大学英语听力教学

1. 英语听力教学综述

人们对于听力教学态度的转变在很大程度上是因为输入输出假说。该假说认为第二语言习得有赖于大量的语言输入信息，即可理解的输入。也就是说，没有足够的语言输入，学习者是不可能有语言输出的。在自下而上的处理模式中，听是一个线性的数据处理过程，理解的程度取决于听者是否成功地对所听到的口语材料进行解码。与此同时，会话分析以及语篇分析的研究成果也对听力教学产生了一定的影响。通过这些研究，人们对口语语篇的结构有了一定的了解，意识到单靠把书面语篇朗读出来不能给学生提供合适的听力材料。听力教学中，教师必须为学生提供适合他们需要和水平的真实的口语材料，真实性因此成为选择听力材料的一个重要标准。

2. 英语听力教学的理论基础

（1）听的心理过程

在听、说、读、写四项技能中，听被称为"接受性技能"，但是这并不意味着听就是一个被动接受的过程，实际上听是一个非常主动的、积极的信息处理过程。心理语言学的研究表明，听的过程与人的记忆具有密切的关系。外部信息经过感觉器官时，按输入的原样保持一个极短的时间，这就是短时记忆。短时记忆又称工作记忆，是指信息一次呈现后，保持时间在一秒钟之内的记忆。短时记忆与感知记忆不同，感知记忆中的信息未被意识，而且是未被加工的；而短时记忆是操作性的，正在工作的、活动着的记忆。短时记忆中的信息既有来自感知记忆的，也有来自长时记忆的。因为当人们需要某些知识、规则时，便从长时记忆中提取，提取出的信息只有回溯到短时记忆，才能被意识到和备用。

听的心理过程具有三个主要特点：第一，听是一个积极的过程。在听的过程中，听者并不是被动地接收信息，而是通过积极参与调动大脑中已有的语言知识和背景知识进行积极主动的识别、分析与综合，来理解说话者所传达的信息和意图。第二，听是一个创造性的过程。意义并不是现成地存在于语言材料之中的，不同的听话者对于同一个单词或句子可能会有不同的理解。第三，听是一个互动的过程。作为语言交际的一个重要方面，听力理解涉及说话者和听话者双方。从某种意义上讲，听力理解是交际双方在相互作用中磋商意义的过程。特别是在面对面的语言交际中，说话者可以通过听话者的面部表情和身势语来判断听话者是否理解自己的意义，并以此来调整自己的语言。

（2）影响听力的因素

第一，语言本身的因素。扎实的语音知识是听力理解的基础。在英语中，有些语音对于中国学生来说是比较陌生而且是难以区分的，尤其是某些元音。

在某些辅音簇中的某个辅音也往往会被省略或同化掉。当然，口语的理解并不完全依赖于对于相似的语音的区分。在许多情况下，上下文的意义可以提供足够的信息帮助听者辨别语音。

掌握足够数量的可感知的词汇是听力的基础。对于英语学习者来说，遇到生词往往会导致他们突然停下来考虑生词的意义，从而导致错过其他的内容。词汇量的不足有时还表现在学习者词义的掌握过于狭窄，对一词多义不太清楚，这种情况很容易导致听者的误解。

第二，语言背景知识。语言背景知识对于听者正确地获取信息也是极为重要的。根据图式理论，听的过程就是听者利用大脑中储存的文化背景知识对新的信息进行加工整理的过程。听者需要对所获得信息进行分析、选择、整理，从而获取新的知识。在听的过程中，听者会根据这一图式以及所听到的内容对先前的预测进行验证并补充其中的部分细节。新的信息越多，处理的负担越重。也就是说，听者已知的信息越多，听起来的难度就越小。

第三，分析综合能力。听是一种接受性的语言技能，在听力训练的过程中，听者无法控制所听到的材料的难度、速度、语调和节奏。这些客观因素有可能会对听者造成一定的心理压力。而且，在听力课上，学生的心理活动容易处于一种抑制的状态，思维变得迟钝，不容易发挥学习的主动性和积极性，课堂气氛也比较沉闷。

（3）会话含义

会话的含义即通常所说的"言外之意"。在交际中，只有正确地捕捉这些言外之意，才能真正理解说话者的意图。理解会话含义是听力教学的重要组成部分。对于会话含义的产生，美国哲学家保罗·格莱斯（Paul Grice）进行了大量的研究，认为会话受到一定条件的制约，参与会话的人要朝着一个共同的目标，互相配合。

3. 英语听力课堂教学

（1）听力策略的培养

听力策略是加强听力理解和回忆所听内容的技巧或者活动。听力策略可根据处理信息输入的不同方法来分类，主要包括自上而下和自下而上两种方法。自上而下的方法以听者为出发点，听者应了解话题所涉及的背景、上下文内容，文章的类型和语言。他们能够确定在特定的语言环境中使用哪种听力策略最为有效，能够检查他们的听力理解是否准确、所选择的技巧是否有效，并且通过是否达到了听力理解的目标，是否在听的过程中选择了有效的听力技巧来评估他们的听力行为。

（2）英语听力教学的阶段

英语听力教学可以分为三个不同的阶段：听前阶段、听中阶段和听后阶段。在听前阶段，教师需要确定以下几个问题：所听材料的大体内容和听的目的；是否需要补充一些背景知识或语言知识；采用何种方法进行听力训练，是自上而下的方法还是自下而上的方法。这些活动目的在于帮助学生激活相关的背景知识、预测将要听到的内容、解决可能碰到的语言问题以及背景知识的问题等，以便使学生尽快进入听的状态。

听后阶段是指学生在完成听的过程之后围绕听力材料进行各种活动的一段时间。有些听后活动是听前与听中活动的延伸，与前面的活动密切相关，还有一部分活动与前面活动的关系则比较松散。

（3）听力考试应对策略

英语听力和口译能力的提高不是一朝一夕的事，而是一个循序渐进的过程，是一个艰难而漫长的过程。要多听多练，拓宽渠道，扩大知识面，加强基本功训练。在学习中注意听力技巧的培养和运用，只有掌握了听力技巧，并将其付诸实践，听的能力才会有质的飞跃。

（四）大学英语写作教学

1. 英语写作教学的理论基础

（1）写作的特殊性

写和说都属于产出型的技能，但是两者之间并不能对等。首先，会用英语说不一定就会写，因为写作并非简单地将日常生活中所说的话落在纸上，学生写作能力的提高不能通过其他语言能力的提高而自然而然地获得。其次，从语言神经生理基础来看，写作也有别于其他的语言技能。写作教学因而要求有自己独特的活动形式。再次，从写作的过程来看，写作具有自身的特点。在语言的四项技能之中，说和写属于产出型技能，而听和读则属于接受型技能。写作只能借助文字和符号来表达思想，没有面部表情、手势、身体动作以及语音方面的辅助，也没有即时的反馈。

（2）写作的过程

表达主义者把写作视为"与写作结果同样重要的发现真正自我的创造性活动"，写作教学应该个性化，教学活动要帮助学生发现自我，真正地表达自己的内心情感与思想。根据认知主义的思想，过程教学法重在开发学生内在的心理过程，尤其是写作过程中的认知与元认知策略，其教学包括创造和写前准备、撰写草稿、修改、合作写作、反馈、反馈后的修改和定稿等阶段。

写作是一个作者与读者之间的交际过程，其中涉及信息的产生、处理和传递，是一个复杂的感知过程。要在写作过程中完成上述交际过程有两个关键因素：一方面要给学生充足的时间进行构思；另一方面要从读者那里获得信息反馈，以便进行修改，使内容和形式臻于完善。

（3）母语与二语或英语写作

母语思维是二语习得过程中的常见现象，母语思维在二语或者英语写作中的作用也引起了研究者的注意。用英语写作文，特别在英语学习的初级阶段，似乎无法避免以母语为中介，许多人认为用母语思维会干扰英语学习的进步。国内的有关研究者也对此进行了一定的研究，研究结果表明，汉语思维对于英语写作具有很大的影响。

2. 英语写作教学方法

（1）结果教学法

早期的英语写作教学理论主要来自经典的修辞学研究。直到 20 世纪 60 年代，英语写作教学的注意力一直集中在对文学作品的理解与分析上面，其目的在于通过这些分析使学生掌握各种文体的特征和写作方法，从而能够模仿并写出自己的作品。这种写作教学方法被称为结果教学法。结果教学法的一般过程为：教师首先就某一修辞手法进行解释，然后要求学生阅读一个作品，接着教师会根据前面解释的修辞手法和阅读的作品给学生指定写作作业。结果教学法被用于第二语言或者英语写作的教学之中，其重点也在写作成品上，强调语言的正确性、作文的结构和质量。

（2）过程教学法

写作的过程教学法开始于 20 世纪 60 年代美国的第一语言教学，它是在发生认识论、信息论、控制论以及各种语言理论和教学法的影响之下所形成的一种写作教学方法。在理论上，过程教学法强调思维在写作活动中的重要意义，强调作者的主体意识和能动作用。而在实践上，它改变了以往的写作教学片面强调语法结构、修辞手法和机械模仿的倾向，把实际交际能力和智能的培养放到首位，因而它强调的是写作过程，提倡学习者的合作。

在认知理论的影响下，过程教学法把写作看成一个发现、适应、同化的认知过程，因而强调学生要独立思考、收集材料、组织材料，对材料加以内化，并从中发现规律、掌握原理。只有这样，学生才能够创造性地运用语言知识，写出好的文章。

第二章　大学英语教学的
基本思路与策略

第一节　大学英语教学的基本思路

一、英语教学的思路分析

（一）传统教学模式对英语教学的制约

我国传统教育模式下的英语教学，属于应试教育，实行的是一种填鸭式的教育方式，在这种传统、落后的教学观念影响下，无论是学生还是教师，都将承受来自升学考试的重大压力，不仅学生学得辛苦，教师教得也辛苦。

我国传统教育模式下的英语教学方式，是以升学率为目标的学生培养方式，因此过于重视考试中要考的内容，把书本知识、应试能力、应试技巧作为平常教学的主要内容，轻视甚至完全忽视英语作为一门语言所应具备的交际作用。

这种灌输式、填鸭式的英语教学方式，使我国的学生缺乏把学到的英语知识应用到实践中的能力，部分学生没有把英语作为一门语言去听去说的能力和想法。"听"和"说"是语言学习中重要的基础能力，也是学生学习英语的最终目的之一，教学过程中过分强调"读"和"写"，而忽略"听"与"说"，重视英语知识本身，而忽略培养应用知识的能力，必然导致学生交际能力的缺失，很多学生在学校学了十几年的英语，却直到大学毕业也没能形成使用英语正常交流的能力。

此外，传统教育模式下的英语教学，常常会忽视学生在教学活动中的主体地位，无视学生的个体差异与个性特点，教学过程中，教师针对每个学生的教学方式都是千篇一律的，教学内容枯燥乏味，缺乏针对性，无法调动学生的主观能动性。教学效果的提升，很大程度上依靠教师的鞭策、监督，让学生压力倍增，苦不堪言。

（二）英语教师教学思路的转换

面对传统英语教育的种种弊端和缺陷，教师应不断探索，开拓创新，认真研究，深入改革，不断提高教师的自身素质，激发学生学习的积极性，丰富教学方法和教学手段，从而实现应试教育向素质教育的转型，摸索出一套适合我国学生基本情况，符合我国基本国情的英语教学新思路。

1.教师应注重自身全面素质的提高

教师是教学活动的重要组织者、引导者和参与者，想要实现英语教育的改革和创新，需要从英语教师自身素质的全面提升开始。英语教师不能仅仅把自己当作英语教学中的教育者，还应承认自己的英语学习者、研究者的身份，重视自身专业素质、教学水平、与学生沟通的能力等各方面素质的全面发展。

以素质教育为核心的英语教学，要求英语教师不仅要有扎实的理论知识基础，还应掌握规范的语调、语言，具备满足教学活动要求的听说能力，以及丰富的教学经验和教学技巧。为了在教学过程中起到良好的言传身教的作用，教师应不断加强自我学习，努力提升自己的专业水准和教育水平。除了加大自我学习力度之外，英语教师还可以通过参加英语教育相关知识与教育理念方面的培训和再教育，来提升自己的素质水平。英语教师应积极学习和观摩名师的教学方法、教学技巧，多与其他的教师交流学习，互相借鉴，取长补短，共同提高。此外，为提升自身的教学教研水平，英语教师还要多参加优质课评比、课堂教学专题研究、集体备课等各种教研教改活动。教师应承认学生在学习中的主体地位，积极思考如何调动学生主动学习的兴趣。

2. 教师应以素质教育为基础，倡导人性化英语教学模式

随着素质教育概念在我国的兴起以及教育改革的不断深化，"以人为本"的人性化教育理念逐渐走入大众的视野。人本教育提倡尊重学习者在学习过程中的主体地位，提倡学习活动要从学习者本身出发，要充分利用学习者的个体差异与个性特点。

3. 教师应使教学方法和教学手段多元化，实施网络环境的英语教学新模式

英语教师应从传统教育理念的束缚中挣脱出来，不能执着于单调、单一的传统教育手段和方法，要与时俱进，在教学过程中善于利用先进的科学技术。随着互联网技术的不断发展完善，"互联网＋"已成为各个行业、各个领域的新宠，教育行业作为国家发展和进步的基础，教师肩负着为21世纪中华民族伟大复兴培养人才的历史重任，更不能落后于人。网络环境下的英语教学新模式，完全不同于传统落后的灌输式教育模式，以网络为主要媒介进行教学活动，能够有效利用互联网的潜能和优势，不但可以激发学习者的主体意识，还能帮助学习者树立积极主动的学习态度。随着社会信息化程度越来越高，学生可以通过很多渠道来获取知识。作为教师应充分利用这一点，不断丰富教育手段和方法，把知识教学和能力培养有机地融合，探索学生喜欢并且教学效果突出的英语教学新模式。

语言是文化的一部分，是文化发展和传播的基础，同时文化也会对语言产

生深远的影响。不同民族的语言，可以反映出该民族的风土人情、风俗习惯、人文历史等文化特质。英语教学过程中，教师不能轻视英语文化的教育，语法、词汇的教学和语言文化的教育要齐头并进，双管齐下。

二、不断探索英语教学新思路

国家长盛不衰的根本就是人民的不断创新，一个不断开拓创新的民族是一个前途不可限量的民族。素质教育重视学生创新意识、创新能力、创造思维的培养，而培养学生的创新意识、创新能力、创造思维正是教育的最终目的之一。

教师是教学活动的组织者、引导者和参与者，同时也是学生创新能力培养的关键。教师想要在教学过程中培养学生的创新意识、创新能力、创造思维，首先要让自己具有相应的素质，如果教师自己都无法表现出创新意识、创新能力、创造思维，如何做到言传身教？除转变教学观念外，教师还要在教学水平、教学技巧上苦下功夫，探索适合学生的人才培养方式。

三、英语教学中实施创新性思维教学的途径和方法

（一）设疑启智，创设情境，营造氛围，提供创新环境

科学实验表明，在宽松、和谐的学习环境里，学生情绪饱满、心情舒畅，没有沉重的负担和压力，更容易激活创新思维。应试教育中学生承受来自升学考试的重大压力，创新思维的形成受到了极大的限制。教师在教学过程中，要突出并尊重学生的主体地位，以参与者的身份与学生进行互动，并在其中发挥自身的主导作用。课堂上的教学内容不能死板、局限，要灵活、自由，课堂上应设计一定的思考题让学生可以经过自身的思考、探索，从中得到属于自己的答案，并让学生各抒己见，通过辩论、探讨来培养学生的发散思维、创新思维和语言组织能力。

（二）培养自立探究，寓创新思维于英语教学中

传统的灌输式教育，一味强调对学生进行知识的填塞，忽视了学生自主学习、独立思考能力的培养。教师应尊重学生在学习活动中的主体地位，充分调动学生自主学习、独立思考的能力，充分发挥学生的主观能动性，让学生在自主探索的过程中，找到适合自己的学习方式和方法。教学过程中，教师引导学生从各个角度对所学知识或遇到的问题进行分析与思考。创新来源于想象，教师在教学过程中，应充分调动学生的想象力，在语篇、句型、词汇的教学中，锻炼学生的创新思维。

（三）培养发散思维，提高创新思维能力

我国著名的思想家、教育家陶行知先生认为，优秀的教师应该教学生如何学习，培养学生的能力，而不是把书本上的知识教授给学生。创新能力、创造思维、发散思维的培养，应在质疑式、讨论式的学习环境中进行。教师在教学过程中要杜绝"一言堂"的状况，要尊重学生的独立见解和想象，应该让每位学生都参与讨论，从而培养创新能力、创造思维、发散思维。教师应具备从教材中挖掘创造性因素的能力，对学生的异化见解要有足够的包容。

教师对学生提出的问题要别致、新颖、有吸引力，能够引起学生的独立思考。只有当学生有了自己独立的见解时，他们才能在讨论过程中把思考的结果表达出来，供其他学生参考。学生在讨论过程中，还可以对自己的思考进行验证并优化，让学生在学习知识、运用知识的同时，培养自身的独立思考能力和解决问题的能力。教师还可以通过关键词让学生展开发散性的扩充，在运用词汇的同时，锻炼学生的发散性思维。

教育是一个探索与创造的过程，同样，学习也是一个探索和认知的过程。教师应重视学生创新意识、创新能力、创造思维的培养，充分发挥自身的主导作用，充分认同学生的主体地位，充分激发学生的学习兴趣，重视学生自主学

习、自主探究能力的培养，为学生创新能力、创造思维、发散思维的培养，创造好的环境与氛围。

四、英语教学新思路

（一）英语教学新思路的需求

随着社会的不断进步和世界经济的不断发展，世界经济全球化和区域经济一体化已然成为未来的趋势。在这股潮流的带动下，国家与世界在政治上、经济上、企业间、团体间的合作，需要大量优秀的英语人才，国内出现了英语人才空缺的现象。不仅如此，随着来华旅游的外国游客数量的逐年递增，国内旅游行业优秀英语工作人员也出现了严重的短缺现象。这对我国的学生来说，既是难得的机遇，也是巨大的挑战。高校作为高等人才培养基地，是为社会输送优秀英语人才的主要来源之一。大学英语教学的质量对社会英语人才的数量有着重要的影响。高校中，大学英语一直是公共必修课，在高校教育体系中占据重要的位置。为满足社会对优秀英语人才的大量需求，大学英语教学必须深化教育改革，完善英语教学方式。

针对高校毕业生的英语能力进行深入的调查，笔者发现大学生毕业之后在英语的应用上往往力不从心，尽管可以通过英语四、六级考试，但在工作中无法应用知识，在和外国人的交际中更是显得语用能力捉襟见肘。从调查结果中不难发现，目前大多数高校毕业生的英语水平连合格的标准都未达到，更别说符合社会对高端英语人才的需求了。这种现象的发生，正是因为部分学生在进入高校之前甚至在高校的英语学习过程中，接受的是灌输式、填鸭式的英语教育。陈旧的教学方法、教学模式，是我国学生英语水平整体低下的主要原因。

（二）英语教学新思路分析

1. 学生自主学习意识的培养

大学英语教学，应注重学生自主学习意识的培养，让学生认识到英语学习的重要性，促使学生自己主动地使用英语进行表达、交流、交际的练习，从而提升自己的英语综合水平。高校教育应摆脱应试教育的束缚，不能把考试分数作为衡量学生学习效果的唯一标准，也不能让荣誉、奖学金等成为学生学习的唯一动力。在教学过程中，教师要把英语真真正正作为一门语言来教授，注重学生听、说、读、写综合能力的培养。大学生在英语学习中不能为了应付考试而学习，要摒弃机械地背诵、记忆，做到结合英语的实用性能力，融会贯通地把纸上的知识内化成自身的能力。

2. 提升教师整体素质

近年来，高校不断扩招，高校的教师队伍也逐年扩张。在高校新招收的英语教师中，年轻教师或者刚毕业的学生占据了很大的比例。这些教师没有丰富的教学经验，他们应快速提升专业素质。

3. 提升英语课堂教学效率

课堂教学是大学英语教学的重要手段和途径，想要让高校英语教育取得好的成效，必须提高学生的课堂学习效果。这就需要高校英语教师在课堂上发挥好引导作用，促使学生积极主动地投入到英语课堂学习中。教师应根据不同学生基础知识的掌握程度以及实际水平的差异，采取分层次的教育方法，把班级分为快班、中班、慢班。

4. 提高学生自主学习的能力

学生是学习过程的主体，英语学习应从学生自身的角度出发，高校英语教师应重视学生自主学习、自主探索能力的培养，要给学生充足的自学空间。随着网络在高校的高度普及，高校可以通过建立高校校园网络教学平台，为学生提供一个自学自练英语的环境。通过高校校园网络教学平台，高校可以提供给学生真实的语言环境，有利于学生学习兴趣的培养。对学生自主学习平台的搭建，要充分考虑到不同学生基础知识掌握程度以及实际水平的差异，采取分层次的教育方法，这样可以让学生更有针对性地自学自练。

5. 加强课外实践

语言是一门实践性很强的艺术，需要通过实践活动来锻炼和磨砺能力。大学生有很多自由分配的时间，因此高校英语不能仅仅局限于课堂教学，还要从课外活动上着手，吸引大学生在课外主动投入到英语学习当中。

6. 充分利用多媒体在教学中的作用

语言是文化的重要组成部分，文化因为语言得以发展和传播，同时也对语言的发展产生深远的影响。高校英语教育不能轻视英语文化的教育，语法、词汇的教学和语言文化的教育要两手抓。教师可以在课堂上利用多媒体及时为学生播放一些能够展示英语文化的视频、电影片段，在对学生进行语言文化教育的同时，培养学生的学习兴趣；还可以让学生自行搜集和挖掘与教学内容相关的文化知识，并在课堂上进行讨论和分享，达到共同学习、互相促进的目的。

第二节 大学英语教学的环境

任何研究所围绕的主体，都不可能独立于环境而存在，而环境正是围绕在主体四周的所有条件和情况的总和。主体生活在环境中，又受到环境内各种条件因素的综合影响。这些条件因素概括起来，不外乎自然条件和社会条件两大类别，其中社会条件又细分为社会关系条件和社会生活条件。教学环境作为环境的重要分支，广义上主要涵盖学习环境、学校环境和课堂环境等。在某种程度上，这些环境因素都可以影响并制约教学效果。教学环境能够极大地影响教学效果，包括英语教学。

一、关于教学环境论

教学环境不同于常规环境，而是专指与教学有关，对教学活动和教学主体产生影响的多种因素的总和。具体来说，包括学校开展教学活动时的设备设施、校风班风、师生关系和时空条件等。和谐、融洽、美好的教学环境，能够感染并激发学生产生积极思考的热情与动力，促使学生愿意学习、热爱学习并学会学习。教学活动中的学校和教师，必须竭尽全力为学生营造适宜的教学环境，以便取得理想的教学效果。

二、如何创造良好的教学环境来促进英语教学

随着经济的不断发展和社会的持续进步，市场对人才的要求标准越来越高，学生的长远发展越来越需要英语教学的支撑，而过硬的英语能力已成为很多行业求职的基本要求。为了切实有效地强化英语教学效果，应该从以下几点做起：

（一）英语教师要更新教育观念

首先，正确的教育观念需以大学英语教师科学的学生观和教师观为基础，尊重学生主体的平等地位，将充分、均等的爱传递给每位学生；其次，教师必须善用交往技巧，允许学生各抒己见，并认真倾听学生内心的真实想法，感同身受地理解学生在学习中的主体地位，对学生交往过程中的积极情绪予以肯定，对学生持信任和尊重的态度；最后，调动学生主体的学习主动性，让学生充分地参与英语的互动教学过程，促进师生关系的和谐、可持续发展。

（二）英语教师要讲究语言的艺术化

英语教学不同于母语教学的关键之处，在于英语教学体现的是文化的传播。英语教师讲课时所用的语言，不能平铺直叙、平淡如水，而应该讲究教学用语的艺术化，让听课中的学生全神贯注、如沐春风。英语教师在教学过程中应该注意：第一，注意教学语言的精练；第二，发挥教师在教学过程中的引导作用，督促学生积极思考、深入探究，帮助学生答疑解惑、克服困难；第三，教师应避免使用呆板、陈旧的教学语言，善于更新语用形式，调动学生的活跃思维，激发学生积极学习的主动与热情；第四，教师要善于使用形象生动、富有趣味的教学语言，使学生在听课过程中仿佛身临其境。

（三）利用现代多媒体技术进行教学

作为一门实践与理论并重的全校通选课，大学英语不仅限于英语语法知识的讲授，在适当的场合中，让学生尽快学会应用已经学到的知识更为重要。大学英语的授课教师，可以借助现代高科技化的多媒体技术，在讲课过程中，让学生感受原汁原味的英语歌曲或电影，加深学生对英语文化的认知，以便顺利展开跨文化交流。

英语教师在教学过程中要重视学生的主体地位，为学生创建愿意主动学习的良好环境，激发学生自主学习的欲望与动机，并在日常生活中积极运用所学知识，注重将理论知识运用到实践中，加强与不同文化背景的学生的沟通与交流，将所学英语知识巩固为自身所有，并为日后深造奠定扎实的基础，这正是教学环境论成功应用的方法启示与现实效果。

三、语言环境对于英语学习的重要性

语言研究学家约翰·舒曼（John Schumann）在 1978 年提出的文化适应模式（Acculturation Model），为从情感与环境的视角研究第二外语的习得提供了理论支撑。该理论认为，第二外语学习者的语言习得效果，取决于学习者对目标语言的社会与心理距离。在英语教学的研究视角下，社会距离并不是真正的物理空间距离，而是借指英语学习者与英语之间的接触程度，包括社团封闭（Community closed）、文化相近（Similarity of Culture）、融合策略（Integration Strategies）、社会优势（Social Dominance）、彼此态度（Mutual Attitude）、团结紧密度（Cohesiveness）等。下面将对社会距离这些方面的内涵进行详细阐述。

社团封闭是指英语学习者与英语在工作、生活和社会设施的共用程度，双方相互融会缩短英语学习者与英语之间的社会距离，双方封闭会增大英语学习者与英语之间的社会距离。

文化相近是指英语学习者与英语之间的文化，相近程度越高，越容易发生融合，社会距离就会变小。

融合策略是指英语学习者对英语文化所采取的诸如保留（preservation）、适应（acculturation）与同化（assimilation）等融合策略。其中，采取同化策略时，英语学习者与英语之间的社会距离最小；采取保留策略时，英语学习者与英语之间的社会距离最大。

社会优势是指与英语相比，英语学习者在政治、经济、文化与科技等方面的地位强弱。双方高低强弱的地位优势，将对英语学习者同英语之间学习与接触的愿望产生影响。双方优势微弱、地位平等，则英语学习者与英语之间的社会距离越小，英语学习者同英语之间学习与接触的愿望就越强烈。

彼此态度是指英语学习者与英语之间相互持有的态度，英语学习者与英语彼此对待对方的态度越正面，二者之间的社会距离就越小。

团结紧密度是指英语学习者与英语之间的团结程度。相对于拥有较大群体规模的英语学习者，其与英语之间的相互接触不多，致使其与英语之间的社会距离增大。

除了受到上述社会距离因素的影响以外，文化适应模式理论提出的心理距离因素也会对第二外语的习得产生影响，尤其是社会因素在对第二外语的习得产生影响缺位时，个体与群体所携带的心理因素将会发生作用。由英语学习者同英语之间，基于情感因素产生的心理距离，会对英语学习者的外语习得过程产生影响。总体来说，在英语教学的研究视角下心理距离所内含的情感因素主要包括以下四种：

文化休克（Culture Shock），是指英语学习者接触英语以后，由于彼此之间的文化差异，造成英语学习者在用英语进行交流时，难免会产生抗拒与焦虑情绪。抗拒越激烈，焦虑感越强，英语学习者与英语之间的心理距离也就越大。

语言休克（Language Shock），是指学习并使用英语的英语学习者，所遭受的恐惧感和挫败感，在学习和使用英语的时候，英语学习者越是害怕被嘲笑、被批评，则其所面临的心理障碍越难以克服，与英语之间的心理距离也就越大。

自我渗透（Ego Permeability），是指英语学习者通过与英语群体的接触，实现双方在互动过程中相互渗透，使英语学习者缩短同英语之间的心理距离。在文化适应模式理论中，社会距离等同于群体距离，心理距离可以被看作个体距离。

学习动机（Motivation），是指英语学习者是以融合型动机或以工具型动机展开英语的学习过程。持有融合型动机的英语学习者，愿意融入英语的语言社团，其心理距离相对较小；而持有工具型动机的英语学习者，其语言学习是基于某种目的，因而对融入英语的语言社团缺乏兴趣，心理距离相对较大。

英语学习效果因人而异，诸如年龄、心态、学习动机、学习能力与学习态度等非语言因素也会发挥作用。但是，由于个体差异并不明显，即使明显也与社会因素密不可分，因此影响英语学习的重要因素是社会因素。

四、英语教学中创设语言环境的方法

（一）运用浸入式教学方法创设英语学习环境

浸入式教学方法作为常用的英语教学模式，是指教师通过组织英语之间的各种活动，让英语学习者沉浸在英语的语言环境中，培养英语学习者的真实语感和运用语言的能力。浸入式教学方法将英语作为工具，重在借助活动，有效结合英语学习者和英语之间的认知沟通，让外语学习者在生动有趣、直观形象的环境中，接受英语，学习英语，应用英语，丰富英语的学习内容和习得活动。

年龄不大的英语学习者，在英语习得的过程中，基本上不存在困窘与心理抑制等问题。语言习得是极其自然的过程，通过使用习得的英语展开积极、有意义的互动与交际，英语学习者可以加深对语言的理解，并获得自然使用语言的能力。互动与语言交流对于英语学习者来说至关重要，传统的课堂教授和句法训练，通常只能帮助英语学习者提高文法能力，对于标准、流利的表达能力的培养，只能在有意义的互动与交流中习得。此外，语言的学习过程也应该注意同其他学科的有机结合，实现不同学科知识之间的相融与互通。

通过在日常生活中使用英语，英语学习者应该体验到英语学习的乐趣。在设计浸入式教学环境时，应该尽量做到：第一，师生之间的关系，应该建立在平等、和谐、友好的基础上；第二，开设课程时，力求形式丰富多样，并为英语学习者创造全英语沉浸式学习环境，对专业的外语学校来说，达到教师不教、儿童会学的理想状态；第三，在教学活动中，对英语学习者的语言运用及时给予鼓励、赞赏与肯定性质的回应；第四，借助形式多样、形象直观的教具，如教学光盘、录音带和多媒体技术等手段辅助教学；第五，设计生动活泼的活动情景，激发英语学习者的学习兴趣、学习主动性和学习积极性。

（二）利用英文电影进行英语教学

原汁原味的英文电影，是辅助英语教学的有效手段。优秀的英文影视作品，既能传达给英语学习者正确、纯正的语调和语音要素，又能通过形象逼真的画面，介绍西方国家的风土人情和文化特色。教师将英文电影欣赏嵌入英语教学环节，既可以为学生创造理想的语言学习氛围，又可以丰富学生的英语基础知识，提高学生的英语运用技能，培养学生的英语学习兴趣，使学生根据自身的生活经验，养成积极思考、主动实践的行为习惯，通过自主学习提高自身综合运用语言的能力。

将英文电影赏析应用于情境教学法时，教师必须谨慎挑选教学影片。英文电影品类繁多，既有精品，也有糟粕。教师要善于取其精华、弃其糟粕，挑选适合教学的英文电影。当然，电影作为休闲娱乐的主要手段，如果选择不当，会浪费宝贵的课堂教学时间。为了保证高质量的课堂教学，在选择赏析电影时，教师应该根据影片的内容是否健康、能否如实反映西方国家的文化、教育意义是否深刻等标准，筛选课堂赏析影片，比较契合此类需求的影片有《肖申克的救赎》《放牛班的春天》《勇敢的心》《辛德勒名单》和《死亡诗社》等。此外，影片播放之前，教师可以有针对性地讲解影片的背景知识和人物对话中的难句与生词，或者让学生提前预习有关内容，为课堂观看影片做准备。影片观赏结束后，教师可以组织灵活多样的练习活动，通过自主提问与角色扮演，深化学生的观影感受。教师也可以在课后指导学生开展形式多样的英语技能活动，采用组内讨论和影评分析的手段，激发学生的学习兴趣，增强观影的学习效果。

英文电影的教学手法在当前的英语教学活动中应用得极为广泛，其教学实践效果显著，深受学生喜爱。然而，在课堂的电影放映环节，教师必须处理好英语技能教学与电影赏析教学之间的矛盾，以培养学生的英语能力为教学宗旨，循序渐进地开展观影教学，有条不紊地提高教学成效。

（三）准自然语言环境的创设

在语言环境中通过交际可以习得特定的语言。就母语来说，由于母语习得者成长、生活于真实、自然的语言环境中，在耳濡目染的过程中，自然而然就在生活中习得并熟练地掌握、运用母语。然而，对于第二外语的习得者来说，由于缺乏自然的语言环境，学习中面临障碍不可避免。为了将障碍减到最低程度，英语教学工作者可以采取以下三种方式为英语学习者提供真实、自然的模拟语言环境：第一，课堂教学尽量采用全英文授课，培养学生的外语思维能力，增加易理解性语料的输入，降低母语对英语习得过程的负面干扰；第二，精心备课，尽量根据单元特点与讲解主题开展语言技能的练习活动；第三，结合授课内容，组织与学生现实生活相关的角色扮演和模拟活动。

总的来说，学生在英语学习的过程中，确实存在舒曼文化适应理论中提到的社会距离和心理距离，这些存在于语言习得环节中的环境影响因素，对学生的语言学习能力产生明显的影响。教师有必要通过科学有效的教学方法，缩短语言学习者同目标语之间的各种距离，从而明显地提高学习者的学习效果。英语教学过程中，教师应为学生设置真实、自然的语言环境，可以消弭群体之间的优势差异，打破英语学习者的自我封闭状态，通过融合策略帮助英语学习者接纳英语文化。在课堂教学中，教师应鼓励学生直抒己见、不怕犯错，为英语学习者营造轻松愉快的学习环境，帮助其克服心理障碍，这种英语教学方法值得全面推广。

五、英语教学中的校园英语环境建设

良好的英语环境对于学习者具有潜移默化的作用，为学生提供尽可能真实的材料和尽可能真实的语境，已经成为当前英语教学面临的一项任务。为此，教师有必要从英语教学与日常生活的环境入手，对学生每天接触最多的校园软硬件环境进行改造和建设，使之成为有利于英语语言习得的外在因素，并最终激发学习者自觉提高英语综合素质的内在动力。

（一）英语教学与校园硬环境的建设

校园硬环境主要是指校园及课堂的基础设施和教学环境，是学生每天学习生活的主要场所，加强硬件设施的英语环境建设，最能激发学生的英语学习兴趣，培养他们理论联系实际、学以致用的实践能力。例如，在校园的各处建筑、景点、教学和办公等场所，教师可以布置双语的标识牌，英语教学单位的宣传板或通知栏中都可以使用英文作为工具语言，营造出英语学习的浓厚氛围，培养学生对周围事物的语言认知。在图书馆、电教室等学生学习场所，教师可以提供英文杂志和原版书籍阅览、英文原声影视音像等英语资源，让学生在寓教于乐中增加对英语的感性认知。而在学生的日常生活场所，教师还可以建立英语角、英语沙龙、英语咖啡屋等交流空间，吸引和鼓励中外学生互动交流，让英语走出课堂，走进生活，为学生提供以英语为交流工具的真实环境，在日常生活中提高他们的英语学习水平。

同时，在校园硬环境建设的各处细节中，教师也要有融入英语的意识，如在校园广播安排形式多样的英语节目，电视频道里增加英语新闻频道，校园设有英文网站等，这样便可以让学生随时随地置身于英语的环境中，在潜移默化中培养英语语言习得和使用习惯。

（二）英语教学与校园软环境的建设

校园英语软环境建设主要是指英语语言及相关文化背景知识在日常教学和生活各个环节中的合理使用与有效介入，对于促进学生英语语言习得具有示范引导的作用，有利于培养学生的跨文化交际意识，因此在英语教学中常常取得比传统英语教学更为显著的效果。

首先，教师要保证在英语课堂中全程使用英语授课，鼓励和督促学生使用能力范围内的英语进行课堂互动，在教学中合理使用英语教学课件和辅助设备，创造一个用英语思考和研究的教学氛围。

其次，在课堂以外教学及教辅时要处处起到模范带头作用。英语教师在校园中可以英语作为主要交流语言，在课后或课外辅导时，使用适合学生水平的英语表达方式，为学生解答问题。

只有教师起到时时用英语的表率作用，学生才会达到处处练英语的学习效果。另外，在校园学习生活中，教师还应该为学生更多地安排与英语有关的学习和文化活动，如组织各类英语演讲、辩论、影视配音、翻译比赛等，让学生在竞争中认识自己的不足，增强英语学习的进取心；组织各类与英语和西方文化有关的戏剧表演、文化节、创新实践活动等，让学生增强学习英语兴趣，开阔文化视野，提高应用水平。

当然，校园英语软环境的建设还远远不止这些，学校、院系和教师必须注重影响学生英语水平的环境因素，处处为学生创造有利条件和实践机会，只要想到并做到这点，大学的英语教学水平便一定会从一点一滴的量变达到质变的飞跃。

传统的英语教学一直面临着教学内容单调、没有真实语言环境、实践机会缺失等诸多问题，而创设良好的校园英语软环境与硬环境具有情景真实生动、语言丰富多样、理论实践结合紧密等特点，不仅可以丰富教学资源和教学手段，极大地提升学生学习英语的积极性，还有利于学生在生动真实的语言环境中感受到地道的英语语言表达，获得语言知识并了解所学语言的运用环境，在潜移默化中提高英语综合运用能力和实践水平。

第三节　大学英语教学的基础策略

一、英语教学策略

随着世界经济一体化的发展，世界各国的经济文化往来日益频繁，英语作为沟通的工具越来越受重视，英语教学已经成为中国甚至世界发展中的一个重要组成部分。

（一）语音是基础，需采取肯定的教学方式

语音是英语教学最基础的内容，一切教学工作均以它作为基础进一步展开。英语教学的阅读、口语、写作，都是围绕语音展开的。那么语音的教学就显得极其重要了，一方面学习语音可以方便以后的英语学习，另一方面学习语音可以提高学生的英语自信力。通过对语音的学习，学生能够体会英语的乐趣，在之后的学习活动中，就会学得更快、更有效。形成一种"敢于开口，乐于开口"的学习氛围，突破大多数英语学习中出现的"开口难，哑巴英语"的问题。如果学习英语初期就考虑语音这个问题，那么学生在学习中就不容易出现"开口难"了。从另一个方面来看，如果对语音教学不够重视，那么它将成为英语教学效果不好的诱导因素。对于为何会产生这种现象，仅仅归因于学生的"害羞"实在难以使人信服，其实归根结底在于学生自身的自信心缺乏。很多学习英语的人，不管是在校生还是社会的教育者，都发出过"我的发音好像不好""我不大确定我的发音跟电视里是否一样"等诸如此类的心声。关于这些问题的产生，涉及语音评价的标准。为什么他们会觉得自己的发音不好？就是对英语发音的好坏有了一个评定的标准，其实在这个方面学生大可不必自卑。因为对于一门语言来说，尤其不是自己的母语，生活成长的环境必然会对发音产生极大影响。

要求达到与母语同等水平，自然是困难的，更何况每种语言都还有不同的腔调存在。例如英语中的英式腔和美式调，这两种腔调都是中国人模仿不来的。所以关于自己的语言标准与否的问题，学生不必太自卑，而是要在语音上建立自信。学生要明白就算是母语国家的不同地区、不同年龄、不同性别的人，发音上也难以达到一致。在对于语音的认识上，不要让标准阻碍学生对语音的学习，甚至对英语学习产生厌恶。

针对上述现象，在开展英语语音教学时，要注意以下三个方面：（1）严格传授知识。教师要认真细致地教学，让学生掌握教学内容，让学生明白英语发音的方法和技巧，遵守发音的基本规则。（2）确立正确的评价标准。教师不要对学生的发音方向进行误导。（3）鼓励学生获得信心。增强语音的掌握能力，教师不轻易评判每一个学生的发音，而是多鼓励、多纠正、多关注，让他们在心里认可自己，进而增强学生自身的自信心。

（二）语法教学必不可少，但一定要掌握适度原则

关于英语语法，目前具有两种相悖的态度。

1. 语法重要论

这种态度一般普遍存在于中国的应试教育。在对英语试卷的研究方面，出题者高度重视语法，并且围绕语法进行大量的题目设置。在这种趋势下，学校、学生必须加强对语法的学习来应付考试。学生对于语法不断研究、琢磨，甚至到了连使用英语作为母语的国家都"望尘莫及"的地步。

对于英语的学习，更多的应该是用它来进行交流，而这些为了考试而研究的高深语法，根本不会出现在学生的生活运用上。而且学生一味看重语法的过程中，丢失了对英语实用性的探索，看到任何一个英语句子，脑子里就会自动对它进行成分分析，对语法、时态等看得高于句子本身。基于这种缺陷，笔者将叙述与上述截然不同的另一种态度。

2. 完全否定语法学习

认为英语学习就是为了应用，对于英语语法的学习是不必要的，甚至觉得只要学了语法就不能掌握英语的实用性。对于英语学习，不是注重语法，而是更加注重"听、说、读、写"这些方面的实用功能。这样才会在学习过程中对英语进行运用，让英语融入学生的日常生活。

看待上述问题时，笔者把英语学习的全部过程比喻成在构造一栋房子，从语音、词汇和语法方面来进行描述，可以把语音、词汇比作房子构造所需的砖瓦，把语法看成构造房子所需的钢筋铁骨。这种比喻为语法教育的开展也提供了一定的理论支持，因为学生在学习英语时，并不是处于一个人人都说英语的

环境，要形成一种潜移默化的效果是极其不现实的想法。学生长期处在一个人人都讲中文的环境里面，所以其在接触另一门与母语不同的语言时，建立自身语言与不同语言的联系也是情理之中的。只是依靠教学课堂的传授，一天几小时的熏陶，学生难以真正地领会一门不同的语言。

涉及这些问题之上，语法的出现就尤为重要了。语法使得学生在茫然的学习中，找到一种应付英语的方法，通过对语法的深入学习，就可以通过考试，这迎合了学生的心理。但部分学校的语法教学又是存在缺陷的，过度的语法学习，致使部分学生过度执着于英语语法的探索。所以基于以上种种考虑，在教学中关于语法的插入内容，应该存在一些限制，要遵循适度原则，注意语法的应用性和反复性，注重对于学生的适用性，进而把语法深化成能够一经提起就形成语言。

学生在学习的过程中，要注意避免出现过分钻牛角尖，研究过深，而曲解学习语法意义的做法。当达到上述的两点要求后，语法学习就可以帮助学生的英语语言整体学习了，在应用时也不用再去纠结语法的使用情况，而是直接脱口而出，轻松达到正确表达的效果。

（三）语用教学应当抓住重点，引导学生形成语感和语言思维方式

对于"语用"，具体解释为对语言的实际运用。它包括对于语言所有的使用手段和使用范围，"听、说、读、写"这些都可以看作语用。英语教学中的语用，其实就是在教学活动中安排一种情境、指定一项任务，规定以英语为手段去执行。所以在英语教学中，语用包含听力、阅读、会话、写作等多项内容。

语用教学的目标，是指在语用教学中教师应当帮助学生把握好任务的中心，告诉学生每一项任务应该达到何种目标：

（1）在听力的应用上要关注会话和演讲。

（2）会话的应用要关注流畅度，既要正确表达自己的意思，也要了解别

人的意思。

（3）阅读的应用要关注对主旨的理解。

（4）写作的应用要关注结构的构造和表达的技巧。

教师需要在这些方面对学生的语用特别关注，还要在学习过程中，丰富学生的语感，再根据语感潜移默化的培养特点，加强学生的语感学习。

对于这项学习，教师不能止步于单纯指导，而要在英语教学中开展更多的使用步骤，进一步加强学生对于英语的使用度，让学生用英语去面对所遇到的问题，这对于语感的提高极其重要。英语教学活动中的阅读部分的目标就是培养学生的语感，如果学生一遇到阅读材料就进行大量的逐词翻译工作，就失去了它本身的意义和效果了。

假如用这样的思维方法去看待中文，例如读报纸时，我们是不是一遇到不认识的字就查字典？答案不置可否。英语教学的阅读模块也强烈排斥这种做法。阅读设置的目的只是让学生通过对整篇文章的阅读，去获得一种文章的语感，去体会文章主旨，掌握文章的思想脉络，同时还能够增强学生对于单词的记忆效果。

"场景对话"教学模块，不应该以学生的语言表达正确与否为强调的重点，不要过分看重学生的语法错误与否，正确的做法应该是以交流为目的，让学生在这个场景中自由发挥，做到交流无障碍即可，就是自己的话语别人能听懂，别人的话语自己能够明白，达到这样的效果，就实现了最佳的场景对话。在这个过程中，学生通过对自己表达的语言和别人语言的了解，在不知不觉中培养了语感。但是上面提出的不要过分纠结于语法的看法，并不代表着学生就可以完全运用中文的逻辑思维去表达自己的想法，这样的对话手段是极其不利于提升语感的。

基于上述的"语用"和"场景对话"的具体描述，在展开英语的听说读写时，教师要注意对于环境的选择，还要注意对于教学目标的明确。教师要注意在教学活动中如何对学生加以指导，做到语感的一种自然渗透，使学生在交流时自然地讲英语、用英语。

二、交际法教学与语法教学相结合在英语教学中的应用

我国大规模地进行英语教学，最重要的原因就在于它是一门国际通用语言，学习英语对于适应当今的时代特点极其重要。作为学习英语和运用英语的枢纽，语法的学习是不可忽视的。对于英语语法的学习，有关工作者进行了大量的探究，在时代不断进步、国家不断发展的阶段，很多人强烈建议采用交际法教学，最后演变成为交际法教学与语法教学相结合的方法，目前这种方法得到了越来越多的人认可，还产生了相关的课题研究。

（一）传统语法教学方法及其利弊

1.传统语法教学方法

在传统的语法教学中，主要存在"归纳"和"演绎"两种手段。在教学课堂上一般采用后者，就是教师在上面讲解传授，学生在下面接收。这其实在很大程度上是存在缺陷的，这样的教学课堂，把教师当作主体，对于学生的知识接受与否来说存在很严重的弊端。再看前者，传统的语法教学需要学生在设置的文章里面去总结语法结构、意义和用法，这种方法的效果明显低于演绎法。

2.传统语法教学方法利与弊

（1）传统语法教学的优势

传统教学方法在一定程度上存在着较大的优势，例如在"听录音、写黑板、写教案（讲义）"等教学过程中，很大程度上将课堂还给了学生，在这些教学过程之上，教师大大减少了备课时间，使得学生在课堂上有更多的时间做课堂笔记，对于以后的考试是有很大作用的。

（2）传统语法教学的缺点

基于上述的传统教学模式，其教学过程就显得有些单调、乏味、枯燥，在这样的课堂氛围下，学生的学习兴趣不高，很难融入课堂。

（二）交际法教学

1. 交际法教学概况

交际法也可以称为功能法（Functional Approach）或意念法（Notional Approach）。交际法如此受到推崇，首先得提到语言学家海姆斯（Hymes）和韩礼德（Halliday），他们的理论为交际法教学的产生建立了坚固的基础。自从20世纪70年代交际法教学以来，其对于学生英语学习发挥了极大的作用。英语学习一开始就是为了交流，应用交际法之后，就极大地方便了英语交流的实践。与外国人的交流过程中，学生的英语交流更流畅。另外，交际法还具有很多好处：（1）把培养学生的语言能力放于教学的第一位；（2）语言材料真实、地道；（3）鼓励句型与情景结合；（4）放松学生学习思想；（5）提供了应用的机会。在这样的交际法教学中，教师可以让学生更大限度地使用语言的调节、互动、交际、启发、想象和表达功能。

2. 交际法教学方式

交际法教学方式最大的特点就是突破了之前传统教学中的以教师为主体的模式；而且在教学中，教师更加注重语言情景和游戏的应用，学生在掌握地道英语的同时，增加了学习的乐趣，提高了学习能力。

3. 交际法教学利与弊

交际法有大量的优势，但也存在一定程度上的不足。教师都应该加以了解，然后更好、更准确地去使用这种教学方法。

（1）交际法教学的优势

关于交际法教学的优势，具体包括：（1）交际法教学以学生为核心，它可以根据学生的具体要求，针对具体问题找到适合学生的学习方法；（2）交际法教学注重交流，增强了英语的适用性和实践性；（3）拉近了教师与学生的距离，建立了两者的良好关系。

（2）交际法教学的缺点

尽管这种交际法教学有这么多的好处，但是现在将它应用到中国学生的教育上，依然存在许多缺陷。例如：怎样确定和统计功能、意念项目；对教学大纲的种种要求使得编排语法项目体系性变得困难，等等。另外，怎样让学生在交流的过程中掌握语法知识？在这样的教学中，交流占了学生的大部分，是否会缩短学生的学习时间？而且在交流的过程中，对于耳朵的听力训练方面是不是存在欠缺？大量的交流是否会对学生的复习产生影响？是否影响学生的最终学习成绩？

（三）交际法与语法教学相结合在英语教学中的应用策略

1. 交际法与语法教学相结合的实施办法

（1）师资力量的调整

要达到交际法教学和语法教学的高效结合，关键要看教师是否具备足够高的教学素质和现代教育技术应用能力。如果教师在教学的过程中可以兼顾英语教学需求和课件技术效果，讲究创新，那么对于优秀课件的完成来说是特别有利的。要完成一个优秀的课件，就要实现它的生动性和感染性。要达到这个要求，教师要做到：①刻苦钻研和探讨国内英语教学理论和实践的成果，理解语法与交际教学的结合重要性；②加强计算机学习，掌握计算机基础操作能力；③注意教学课堂氛围。

（2）多媒体教室的充分利用

在时代不断发展、科技应用范围不断扩大的社会下，加强多媒体与教学工作的结合，已经成为现在开展英语教学的重中之重。教师可以通过新媒体自身的"声音、图形、动画"等特殊的综合处理能力及其强大的交互性，在英语教学课件中加入生动富有感染力的内容，让多媒体完全服务于教学的需要，在课堂上营造出一种集"图片、文章、音频、视频、动画"于一体的学习氛围。

2. 交际法与语法教学相结合的成果

交际法与语法教学相结合，有效地加强了英语教学中的"听、说、读、写"等方面的综合能力，提升了学生的英语交流能力，增强了学生的语感。这种结合的出现，使得语法在英语教学中的学习有了拓展的机会，让语法与交际得以共同促进发展。

交际法与语法教学相结合，还加大了英语教学的应用力度。这是对传统教育教学方法的有利突破，从这样的变化中可以看到，中国的教育制度开始有了变化，在英语课堂上也可以展示出一种丰富有趣、活泼生动的教学氛围。这大大加强了学生的口语交际能力，突破了传统的"哑巴英语"现象，而且加深了学生与外国同学的感情，方便了语言之间的学习等，这些都是交际法与语法教学相结合带来的好处。这种高度的结合，真正地实现了开展英语教学对于交流和生活的融合。

第三章　大学英语听力教学理论研究

第一节　大学英语听力教学理论

根据美国保罗·兰金（Paul Rankin）教授的统计，在语言学习中，听、说、读、写的使用比率为听力占45%，口语占30%，阅读占16%，写作能力占9%。由此可见，听力在语言交流中占有重要的地位。作为英语教学工作者，应对听力教学给予足够的重视，认真钻研听力理解的性质、过程、因素等教学理论知识，努力提高听力教学的效果。

一、听力理解的性质理论

随着对语言性质的深入理解和教学理论的不断发展，人们对外语听力理解的性质的认识也日臻完善。

（一）结构主义语言学和行为主义心理学理论

20世纪四五十年代，在外语教学领域"听说法"是主要的教学方法。当时，听说法盛行以结构主义语言学和行为主义心理学为理论基础，并在军队外语培训中取得了巨大成功，被看作最有效的教学方法。

从结构主义语言学的角度看，外语教学应关注的是语言的形式和结构，听力教学因而也应在语言形式的语音、单词、句子和篇章四个层面上进行：在训练学生听懂一段课文时，教师首先是从元音和辅音的识别出发，然后依次进入单词、句子和篇章的层面。采用这种"自下而上"（bottom-up）的听力教学模式的目的在于让学生通过语音识别来理解单词的意思，并在此基础上理解句子的意义，然后再通过对句子意义的理解来把握整个篇章的意义。

在当时的行为主义心理学的影响下，语言学习也被深深地打上了"刺激—反应"模式的烙印，语言能力的获得和发展被看作对行为的反复操练的结果。因此，听力教学的一个重要内容就是让学生反复进行语音的识别和听辨训练，而意义则没有得到应有的重视。在大多数情况下，教师往往让学生将所听到的单词翻译成母语，以检查学生对听力教材的理解情况。

（二）功能主义语言学理论

20 世纪 70 年代以来，随着功能主义语言学理论的不断发展，人们开始注重对语言的社会功能的研究。功能主义语言学认为，语言是人际交往的工具，而不是一个孤立的结构系统。因此，外语教学的目的是把学习者培养成具有交际能力的语言使用者。听力教学不应该只让学生去听清某一个音，听懂某一个单词或句子，而是应该培养学生准确理解说话者的意图和有效地进行语言交际的能力。随着认知心理学的不断发展和完善，许多研究者开始重视对听力理解过程的研究，并结合语篇的宏观结构、认知图式、认知推理以及语境等因素来揭示听力理解的性质。

G. Brown（1997）指出，对语篇的理解涉及许多因素。在听力理解过程中，随着语篇的展开，听话者需要明确语篇是由一系列句子构成的，但句子的意义有时要受到语篇宏观结构的制约，对单个句子的理解并不能说明其已经理解了整个语篇。例如，对于下面这个语篇：

a. John was in the bus on his way to school.

b. He was worried about controlling the maths class.

c. The teacher should not have asked him to do it.

d. It was not a proper part of the janitor's job.

听话者需要随着语篇的发展对自己的理解不断地作出调整。当我们听到第一个句子时，一般会认为 John 是个学生，但第二个句子则告诉我们这一理解是错误的，因为从第二句话所描述的职责来看，John 应该是教师。但第三个句子的出现又推翻了这一理解，使我们又回到了最初的理解，即 John 是一个学生，直到最后一句话的出现我们才知道 John 原来是学校的勤杂工。

认知推理是听力理解的一个重要方面，并在听力理解过程中发挥着十分关键的作用。因此，如何训练学习者在听力理解过程中运用各种认知策略进行自发的、能动的认知推理是听力教学中不可忽略的一个方面。例如，对于下面这一语篇：

a. The king died.

b. The queen died of grief.

听话者需要作出如下推理才能获得连贯的理解：国王和皇后很可能是夫妻关系，他们生活在同一个国家，同一个时代，皇后死于国王之后，皇后是在国王死后不久去世的，皇后之死是因国王之死而伤心过度所致。这些推理是语篇理解所不可缺少的，但推理是在瞬间完成的。也就是说，听话者所作出的推理是一个自然的过程，它是整个理解过程的一部分。这种推理并不是凭空进行的，听话者在听到某一话语后，马上就会在大脑中激活一系列与话语相关的经验知识或背景知识，并在此基础上通过认知推理来理解话语的意义。

（三）听力理解的性质

听力理解是一个极其复杂的过程，它涉及语言、认知、文化、社会知识等因素。G. Brown（1997）就听力理解的性质总结了以下五点：

1. 辩论单词并记住与该单词相联系的意义。

2. 理解每一个单词是如何与语境发生相互作用，并为邻近单词的意义创造语境；理解一个句子中的哪些词语构成主语、哪些构成谓语，并理解指代成分所指称的人或物。

3. 既要理解每一个句子在局部上下文中的意义，也要理解该句子在整个语篇中的意义。

4. 对语篇的理解涉及两个方面：一是根据语篇的局部语境所提供的知识和背景知识来理解语篇内容，二是对语篇中所暗含的人际、空间、时间、因果和意图关系作出推理。

5. 对于较长的语篇来说，应至少记住其大意；对于较短的语篇来说，应在记住其大意的基础上，尽可能多地记住重要内容，特别是与说话者的当前意图相关的内容。

二、听力理解的过程理论

听力理解的过程是一个复杂的、非直接的、难以描述的心理活动。

（一）不同研究者对听力理解的过程的看法

Kenneth（1976）认为，听力理解由五个成分构成，并且在顺序上，后一个成分总是依赖于前一个成分，即辨音（discrimination）、信息感知（perception）、听觉记忆（auditory memory）、信息解码（decoding message）、运用所学语言使用或储存信息（use or store message）。辨音包括辨别各种语音、语调和音质等，这也是听力理解的第一步。信息感知指的是学生在具备了辨音能力之后有意识地感知语句中的语音组合，从而获取句子意义的阶段。听觉记忆指的是将所感知到的听觉信息在被理解之前在大脑中保存一定的时间。信息解码指的是理解或获取信息的过程。在经过了以上四个阶段之后，学生就可以运用所学语言将信息表达出来或储存在长期记忆中。

Anderson（1985）认为，听力理解包括三个相互联系而又循环往复的过程；感知处理（perceptual processing）、切分（parsing）和运用（utilization）。在感知处理阶段，听话者的注意力集中在听力材料本身，并将所听到的声音暂时储存在短时记忆中。在切分阶段，听话者将短时记忆中的语音串切分成从句、短语、单词或其他语言单位，并在大脑中以心理表征的方式建构意义。在运用阶段，听话者借助非语言知识和语言知识将大脑中的心理表征与已有知识联系起来，从而对听力材料作出正确的理解。

Abbott 等（1981）认为，外语的听力理解过程与母语的听力理解过程有相似之处。他们认为，听力理解包括感知、解码、预测与选择等过程。总之，听力理解是通过听觉器官和大脑的认知活动，运用语音、词汇、语法和各种非语言知识，把感知到的声音转化为信息的过程。

心理语言学区分了三种听力（和阅读）理解模式，即"自下而上"（bottom-up）、"自上而下"（top-down）的模式和互动（interactive）模式，这对听力教学有着积极的指导作用，因为读和听都是人们获取信息的重要途径。在听力教学中，"自下而上"模式是指利用语音、词语和句子本身的知识以及对语言因素的分析来进行听力理解，即从语音、单词、句子到整个语篇的意义。这一模式忽视听者的背景知识在听力理解中的作用。"自上而下"模式指的是利用"已有知识和整体预期"及其他背景知识对接收到的信息（词语、句子等）进行分析处理。这一模式强调听者的已有知识预设、经验和认知图式在听力理解中的作用。O. Malley 等（1989）在对中等程度的英语学习者的研究中发现，听力好的学习者似乎更注意较大的板块，只有在理解中断时才将注意力转移到个别词上来。互动模式把听力理解看作大脑长期记忆中的背景知识与听力材料相互作用的动态过程。这一模式的优点在于它把听力理解看作一个信息处理的过程。也就是说，外语学习者在听力理解的过程中不但要运用语音、词汇和句法知识，而且还要能动地借助大脑中相关的背景知识，对短时记忆中的听力材料进行信息处理和加工，从而在背景知识和听力材料的互动过程中理解意义。

（二）听力理解的过程

听力理解的过程主要具有三个特点。

1. 理解是一个积极的过程

在听力理解过程中，听话者并不是消极地或被动地运用听觉来接收信息，而是通过调动大脑中的已有知识进行能动的认知推理，来理解说话者所传达的信息和意图。因此，听力理解是听话者积极主动地参与语言交际的过程。

2. 听力理解是一个创造性的过程

意义并不是现成的存在于语言材料之中的，不同的听话者对于同一个单词或句子可能会有不同的理解。

在语言交际过程中，说话者为了语言表达的经济性，不可能也没有必要把任何细节都表达出来。因此，在听力理解过程中，听者需要根据语言材料所提供的线索以及自己的社会经历和背景知识创造性地建构意义。

3. 听力理解是一个互动的过程

作为语言交际的一个重要方面，听力理解涉及说话者和听话者双方。从某种意义上讲，听力理解是交际双方在相互作用中磋商意义的过程。特别是在面对面的语言交际中，说话者可以通过听话者的面部表情和身势语来判断听话者是否理解自己的意义，并以此来调整自己的语言。同样，听话者可以运用语言的或非语言的手段来表明自己是否理解了说话者的意义或者直接与说话者进行意义的磋商。

三、听力理解的因素理论

（一）影响听力理解的因素

束定芳和庄智象（1996）认为，影响听力理解的重要因素包括听力材料的特征、说话者特征、任务特征、学习者特征和过程特征。

1. 听力材料的特征

听力材料的特征指的是语速、词汇与句法以及学习者对材料所涉及的内容的熟悉度等因素。因此，教师在选择听力材料时，应根据学生的外语水平和认知能力，选择语速和难度适中的材料，并适当增加背景知识的介绍，以便使学生更容易地理解材料的内容。

2. 说话者特征

说话者特征主要指性别因素对听力理解的影响，如中等和高级程度的学生回忆非专家男性说话者的发言要比非专家女性说话者的发言更容易理解等。

3. 任务特征

任务特征指的是听力理解的目的和听力学习所涉及的问题类型，如让学习者回答多项选择题进行概括推理或寻找某一特定信息等。

4. 学习者特征

学习者特征包括学习者的语言水平、记忆力、情感因素和背景知识等。由于人是认知的主体，听力理解与学习者各方面的相关知识水平和主观因素息息相关。

5. 过程特征

过程特征主要指听力理解的心理过程，如学习者采用的是"自下而上"模式、"自上而下"模式，还是互动模式。

（二）听力理解的因素对听力教学的启示

认清影响听力理解的因素，对提高听力教学的质量具有非常重大的意义。

在听力材料的选择上，教师和教材编写者应注意材料的难度，并且要着重根据语言习得的规律，选择略高于学生水平的可理解性输入。必要时，教师可以适当介绍一些与听力材料相关的背景知识。

就说话者特征而言，教师在选择听力材料时应该具有广泛性，说话者既有女性也有男性，既有高级学者也有普通大众，说话者的职业既有代表性也有普遍性。

就任务特征而言，教师应根据学生的需要设计丰富多彩的听力活动，提高学生的学习兴趣和积极性，避免听力活动的单一性。

学习者特征对听力教学的影响十分明显，教师在教学过程中除了要提高学生的兴趣和积极性之外，还要从各个方面挖掘学生的知识潜力并培养学生的思考能力和推理能力。在课堂上，教师要创造一种有利的学习氛围，减少学生的心理压力和紧张情绪。

就过程特征而言，学生可以在教师的指导下，采用适合自己的听力策略。至于"自下至上"模式、"自上而下"模式或互动模式的选择问题，需要根据学习者所处的学习阶段及其认知能力和知识水平等因素来确定。

第二节 大学英语听力教学的特点和目标

一、大学英语听力教学的特点

（一）听力教学对象的特点

通常一个班级的大学生来自全国各个地方，学生的听力水平参差不齐。有些学生听力基础差，没有掌握正确的学习方法；有些学生的语音语调存在很大问题，因而很难听懂正常语速的听力材料甚至已经学过的常用词，当然也有一些学生英语水平很高，比较容易听懂听力材料。在听力水平不同的情况下，使用相同的教材和教学方法，使得听力水平低的学生不想学，教师难授课，也就达不到提高大学英语听力水平的教学目的。目前，一些学校尝试打破原有的以院系为单位的班级，将学生听力水平分成提高、普通和预备三个层次，针对性地选择授课内容和授课方法，更好地贯彻因材施教的原则。

（二）听力教学内容的特点

大学英语听力教学内容较为广泛，不仅包括语言知识、文化知识，还包括培养学生对听力策略的掌握和运用。

目前学生主要的听力问题可以概括为三种：第一种是"听不清"，即对单词的发音、英语的语调特征、说话速度不熟悉，造成不能有效地获取信息；第二种是"听得清却听不懂"，这是对英语的句法结构、文体特征、篇章逻辑不了解和缺乏听力技巧而造成的障碍；第三种是"听懂了却无法理解"，这是学生个人的知识结构、文化背景与所听材料的差距过大造成的。因此，词汇障碍、语音障碍、语义障碍、听力障碍、心理障碍以及文化障碍等成为大学英语听力教学的主要问题。

二、大学英语听力教学的目标

大学阶段的英语听力教学目标分为三个等级，即基础目标、提高目标和发展目标。

（一）基础目标

基础目标是针对大多数非英语专业学生的英语学习的基本需求确定的。具体如下：

能听懂就日常话题展开的简单英语交谈；能基本听懂语速较慢的音频、视频材料和题材熟悉的讲座，掌握中心大意，抓住要点；能听懂用英语讲授的相应级别的英语课程；能听懂与工作岗位相关的常用指令、操作说明等；能运用基本的听力技巧。

（二）提高目标

提高目标是针对入学时英语基础较好、英语需求较高的学生确定的。具体如下：

能听懂一般日常英语谈话和公告；能基本听懂题材熟悉、篇幅较长、语速中等的英语广播，电视节目和其他音频、视频材料，掌握中心大意，抓住要点和相关细节；能基本听懂用英语讲授的专业课程或与未来工作岗位、工作任务、产品等相关的口头介绍；能较好地运用听力技巧。

（三）发展目标

发展目标是根据学校人才培养计划的特殊需要以及部分学有余力学生的多元需求确定的。具体如下：

能听懂英语广播、电视节目和主题广泛、题材较为熟悉、语速正常的谈话，掌握中心大意，抓住要点和主要信息；能基本听懂用英语讲授的专业课程、英语讲座和与工作相关的演讲、会谈等；能恰当地运用听力技巧。

第三节　大学英语听力教学的现状分析

近年来，大学英语听力在大学英语课程设置及等级水平考试中的比重不断加大。但是在实际教学中，还存在着如下一些问题：

一、传统的英语听力教学模式过于单一

（一）英语听力教学手段滞后

虽然多媒体教学有了很大的发展，但是资源有限，学生众多，区域、高校的经济发展还不能让所有学生体验网络教学。尽管学校在多媒体上下了不少功夫，兴建多媒体教室，还是不能很好地解决英语教学资源问题。

（二）忽视听力技巧的指导

英语听力技巧指的是引导学生在拿到听力题目时，合理进行审题，运用听力技巧，抓住听力材料中的关键词句，快速记下，并联系上下文，把握全文的主要意思。然而，由于教师忽视听力技巧指导的重要性，许多学生在拿到听力题目时不知从何下手，仅仅采用单一、古板的方式试图听懂整段材料，所得效果较差。由此可见，若缺乏高效的听力技巧指导，将难以真正提高学生的听力水平。

（三）教学缺乏指导性和趣味性

填鸭式的应试教学甚至使学生对学英语有了逆反情绪，这成了学习中最大的绊脚石。学生在课堂上常感到单调乏味、课堂氛围沉闷。学生进步缓慢，对听力产生了抵触、厌烦情绪。

二、学生听力方面的原因

（一）学生缺乏良好的英语听力习惯

学生没能养成良好的听力习惯，具体表现在听时头脑不清醒、精力不集中，不能整段地听，而是听零零散散、断断续续的不完整的单词或词组，没有掌握必要的听力技巧。

（二）学生的词汇量匮乏、语言基础较薄弱

目前，许多学生词汇量匮乏，在听力时往往很难快速写出需要的单词，或是找不到合适的单词，或是单词拼写出错、大小写错误等，由于词汇量匮乏，学生的语言基础大多较为薄弱，听力教学效果难以提升，往往导致听力扣分。

三、教材单调，缺乏真实性

目前，我国大学英语听力教材存在的问题主要有两方面。

（一）听力教材过于单调

我国现在的大学英语听力教材仍然还是一本教材外加几盒磁带的模式。大学英语听力的教学缺乏规范的与课文录音配套的音像辅助资料，缺少必要的视听设备和科学理论的指导。很多教师将课文的录音磁带发给学生，让学生课后自己练习，由于缺乏教师的监督和指导，学生往往毫无方法，而教师也无法从学生那里得到任何反馈信息，无论是教师还是学生，都没有很好地利用磁带。这种单调的听力教材使听力课堂气氛沉闷，学生很容易产生厌倦心理，严重影响了听力教学的课堂教学效果和学生的学习积极性。

（二）听力教材缺乏真实性

我国大学英语听力教学中使用的听力材料大多是由专家整理、改编，再由发音纯正的外国人士录制而成。这种听力材料常被称为非真实材料或"人工"材料。非真实材料语言的节奏和发音语调都不太自然，说话没有自然的停顿和开始，也没有快慢的变化，话的内容好像不是说出来的，更像是读出来的，毫无真实语言的特点。学生使用这样的听力材料进行听力训练，很难培养在真实语境中交际的能力，听力水平也很难得到提高。

四、教学评估不完善

教学评估对于实现教学目标至关重要，是大学英语教学的重要环节。教学评估既是教师保证教学质量、改进教学管理、获取反馈信息的重要依据，同时也是学生改进学习方法、调整学习策略、提高学习效率的有效手段。在我国的大学英语教学中，教学评估一直左右着英语听力教学模式和教学方法的实施。各院校和各级教育行政部门也将大学英语课程教学评估视为本科教学工作评估的重要内容。

但是由于受"应试教育"思想的深刻影响，教学评估依然是以学生的成绩作为唯一的考核标准，很多院校更是以大学英语四、六级考试成绩来衡量学生的学习情况和教师的教学情况。这些都给大学英语听力教学带来了很大的影响。在大学英语四、六级考试中，听力所占比重较小，致使很多教师和学生都将精力放在比重较大的阅读上面，在课时和学分的分配上也更侧重于精读，这都不利于学生听力水平的提高。

第四节　大学英语听力教学的策略研究

一、大学英语听力教学模式策略分析

由于深受传统教学模式的影响，很大程度上，教师在教学中只是遵循着固定而又呆板的教学模式：先放录音，再做题，之后给出答案。这种传统教学课堂因为呆板的组织而显得枯燥乏味，教师成为教学的主体，学生基本处于被动状态，师生之间缺乏感情沟通和知识信息的交流，课堂气氛枯燥，学生的主动性没有得到应有发挥，致使教与学在很大程度上脱离，极大地影响了听力教学效果。因此，教师要勇于尝试新的教学模式，并灵活选择使用。

（一）交互式教学模式

1.交互式教学模式的定义

交互式教学模式也称互动式教学模式，是指通过营造多边互动的教学环境，在教学双方平等交流探讨的过程中，达到不同观点的碰撞交融，进而调动教学双方的主动性和探索性，强化教学效果的一种教学方式。

交互式教学模式是一种适应时代的教学理论和策略。区别于传统教学法中以教师为中心、学生被动参与学习的模式，交互式教学法是以学生为中心，让学生积极主动地参与组织教学的各个环节，参与教学活动的全过程，真正成为教学活动的主体，与此同时还要注意发挥教师在教学中的主导作用，实现教师与学生、学生与学生的双向交流与互动。简言之，它是旨在建立以教师为主导，以学生为主体，在师生、生生以及人与多媒体之间通过"互动"方式组织起来的一套英语教学法。"互动"是两个或更多的人相互交流思想感情、传递信息并产生相互影响的过程。目前流行的交际英语教学理论的核心就是交际能力培养必须具备"互动"这个性质。交际能力培养强调"互动"的重要性，是因为人类在各种背景下使用语言的目的就是"传递"信息，简单地说，是把自己头脑中的信息传递给另一个人，反之亦然。

2.交互式教学模式的必要性

交互式教学模式的中心是"交流"，课堂教学最重要的形式也是交流，没有课堂交流，课堂教学就没有实施条件。有效的课堂交流是达到教学目的的前提。从信息交换的角度来说，教师和学生之间的信息交流是双向的，他们之间存在着大量的信息交流。针对现在大学英语听力中依然是传统的以教师为中心的教学现状，实施基于交互式教学法的大学英语听力教学模式是非常有必要的。交互式教学模式将传统的"以教师为中心"的教学模式转变为教师引导、学生积极参与师生之间良性互动，"以学生为中心"的教学模式，即教师在教学过程中是作为参与者而非整体的控制者，它注重师生的协作互动，推动了学生的教学参与性，从而提高了大学英语听力课的教学效果。

3. 交互式教学环节

交互式教学模式在听力教学具体实践过程中，应分成听前准备、课堂训练、听后总结三个关键环节。

（1）听前准备

"如果听者事先知道他将作出某种反应，他会立刻带着目的去听，并且他知道会听到什么样的信息以及如何去反应。"在听每段材料前，教师应该和学生充分交流，了解学生感兴趣的话题，进而让学生寻找和准备相关的材料，储备一些与该话题相关的词汇。在课堂上，教师可根据学生准备的情况提问，针对这些问题让学生进行自由讨论。这些可以看成是听力训练前的热身。通过"热身"，一方面学生对将要听到的内容会有了大致的了解，引起学生的兴趣，通过相互交流，提高学生的积极性，使学生更好地融入课堂；另一方面展开了师生、生生之间的互动，活跃了课堂气氛，促进教学效果以及培养学生语言交际能力。

（2）课堂训练

交互式教学模式强调教学的互动，以及从传统的以教师为主的教学模式转变为以学生为中心的教学模式。在课堂训练前，经过热身阶段的师生交互活动便可以正式开始听力技能训练了。首先，为了不破坏语篇的完整性，可以整体先听一遍材料，让学生对材料有一个大概的掌握。其次，第一遍听完之后，可以让学生结合热身阶段的讨论对所听材料进行一下评价。评价是引导学生深入理解材料的好方法，然后要回答其他学生就材料理解进行的提问。最后，由教师进行正确与否的评判。这样既锻炼了学生的逻辑归纳能力，又实现了生生、师生之间的互动。在互动中，学生还可以总结出一些适合自己的听力技巧或策略。在该过程中，学生充分参与教学活动，成为教学的主体，而教师在此过程中除了充当指导者外，还可以是学习的共同参与者和合作者。

（3）听后总结

听力活动结束之后，教师应对学生的任务完成情况给予及时反馈。在反馈过程中，教师可以先让学生评估自己的任务完成情况。反馈完后，教师要对所听内容进行巩固，首先对所听材料中的词汇、基本句型和习惯表达进行总结；然后可根据实际情况，对所听材料进行角色表演和分组讨论。通过语言的再次学习，可以使学生更好地理解和掌握所学知识，从而促进学生语言的实际运用能力。

（二）文化导入式教学模式

1. 文化导入式教学模式的定义

文化导入式教学模式是一种通过引导的方式让学生主动建构语言与文化知识、促进英语综合运用能力的相对稳定的操作性框架。该模式主张教师在一定的教学环境中，根据教学大纲、教材和学生实际，运用正确的方法对学生进行积极引导，激发他们的思考与想象，促进学生主动进行内部心理表征的建构，从而培养学生对文化差异的敏感性、宽容性以及处理文化差异的灵活性，提高学生综合运用英语的能力。该模式在教学内容上注重文化概念与思考方式的引入，突出相关文化内容，在教学形式上注重学习主体作用的发挥，同时也要求教师积极发挥主导作用。

2. 文化背景知识导入的方法

（1）适时培养学生对文化背景知识的敏感性

为培养学生对文化的敏感性，教师要充分利用教材发现问题，培养学生从文化角度来审视问题的根源，提高他们发现英语文化现象的存在和这一文化与汉语文化之间相符相悖的敏感性。例如在对待一些文化知识和反映文化的词语表达上，教师不能简单地介绍，要多问几个为什么，在备课时应准备充分的资料，让学生在中英文化对比中了解异国文化，逐步培养学生对中英文化差异的敏感度。

（2）利用词语导入文化背景知识

词语包括单个的词和短语。语言的各种文化特征都能在词语中展现出来。教师在教学中应适当地导入听力材料中具有一定文化背景知识的词语，让学生充分理解其文化特征与内涵。以习语为例，有这样一句材料：You'd better know that only work no play makes Jack a dull boy。这句话中没有一个生词，但学生却不能理解这句话的含义，从而导致做题的失误。事实上，only work no play makes Jack a dull boy 的意思是"只工作不玩耍，聪明孩子也变傻"。

（3）听说并重，增强文化理解力

要想真正提高听力水平，必须强调听说并重。教师可以根据不同的材料通过复述、问答及根据听力组织对话、进行小品表演等形式对学生进行听力检查。这既可以加深学生对有文化内涵知识的掌握，又可以提高学生的听说能力。例如，关于个人空间和称呼的一段材料中，由于材料本身涉及西方文化知识，教师可以采取复述并进行动作表演的方式进行教学，这不仅加深了学生对听力材料的理解，又提高了学生对文化背景的认知程度。

（4）借助视听媒介导入文化

教师应发挥多媒体的优势，充分利用电影、电视、幻灯等资料进行辅助教学。因为这些媒介是了解西方文化的有效手段，是包罗万象的文化载体。学生可以在观影中直观、真实地了解西方的民族文化、社会习俗、交际方式、价值观念等文化内容。

（5）延伸教学空间，拓展英语文化

教师可以采取布置任务的方式，让学生提前查阅与所学单元相关的文化知识，并让学生以幻灯片形式展示成果，使学生在参与中增强信心和成就感。同时，鼓励学生课后大量阅读介绍英美文化的书籍，这既可获得语言知识，又可深化学生对文化差异的了解，从而提高学生的听力水平。

（三）视听说结合式教学模式

1. 视听说结合式教学的必要性

著名语言学家 Stempleski 和 Tomalin 认为，音像结合的教学手段比任何一种教学媒体都更能全面而真实地展示语言。它能刺激控制形象思维的大脑右半球和控制抽象思维的大脑左半球同时发挥作用，并参与吸收知识的活动。心理学对人类记忆特点的研究表明：单靠视觉记忆，其效率为27%；单靠听觉记忆，其效率为16%；视听并用其效率为66%，而不是二者简单相加的43%。在我们大脑的记忆活动中，形象信息的记忆要比语言文字信息的记忆牢固得多，在提高大学英语听力教学质量方面存在很大优势。视听结合，使学生处在耳目一新的教学环境当中，在视觉和听觉的双重刺激下接受语言信息，在这种环境中启发学生说英语的欲望可以达到事半功倍的教学效果。

无论是在外语教学中，还是在真实的语言交际中，听和说都是密切相关、不可分制的。听是凭借听觉器官对语言信号进行意义建构的过程，是理解语言的技能；而说则是借助语言外壳通过发音器官将思想转换成具有句法和语音结构的语言信息的过程，是语言表达的技能。口头表达能力的提高必然会促进听力技能的提高。教师应尽可能地为学生创造练习口语的机会，将听与说有机地结合起来，以听说结合的方式切实提高其听力水平，从而改变现有的单纯以获取信息为目的的教学现状，保持外语习得过程中的输入与产出的平衡。

视、听和说三者在听力教学中有着相辅相成、互相促进的关系。集文本、图像、声音于一体的多媒体能及时为教学提供生动有趣、灵活、方便、实用的学习和实践的空间，使学生置身于一个真切实际的英语学习世界。选择难度适中、题材广泛、内容风趣、语言清晰规范的视听材料，并灵活性、创造性地调整和补充教材内容，通过视觉、听觉双重刺激，把听和说结合起来。要求学生理解所听内容，并且要作出积极反应，进行口头练习，视觉效果有效刺激听觉能力，口语练习有效促进听力理解。不仅能锻炼学生的英语思维能力，还能增强记忆力，有利于知识的获取和记忆，达到运用英语、实践英语的目的。

2. 视听说结合式教学环节

通过视听说结合的方式，可以解决英语教学中的"质"的问题，通过指导学生按照粗略观看、仔细听解、口头讲述三个步骤来完成从语言输入到输出的过程。在粗略观看阶段，教师根据视听内容，利用图片、实物、背景知识的介绍和单词的讲解等形式进行巧妙的导入，让学生对视听材料的大体内容有所掌握，为下一步教学做好铺垫。在仔细听解阶段，不仅指导学生进一步明确整段话语的大意，更要把焦点放在语言材料本身，要求学生能够回答具体的细节问题，甚至区别细微的语音现象。在讲述阶段可以采取如问答、复述、谈论话题、讨论、情景对话、描述、角色扮演等多种形式，对视听材料有选择地进行再现、借鉴或者创造。以上三个步骤可以根据教学的实际需要，有重点、有目的地进行练习。

教师在课堂上的主要任务是示范和指导学生如何采用视听说结合的方法，按照以上三个步骤，克服听的过程中出现的来自语音、语言和文化等方面的困难，促进语言知识的使用和内化。教师在语音材料与学生之间充当媒介，帮助学生将听力内容同其已有的知识技能有机地联系起来。采取灵活多变的方式进行课堂主体教学，由浅入深，由易到难，循序渐进，营造良好的学习环境和氛围。根据学习材料的主题和内容的不同而进行精心的设计，充分发挥多媒体图文并茂的优点，采用文字、图片、音乐和短小视频的形式，激起学生的学习兴趣。在听力训练的过程中，教师不可一味地唱"独角戏"，除了要向学生提供必要的背景知识、语言知识和听力技巧来帮助学生理解外，还应该设计出形式多样的活动使学生参与到教学之中，对视听材料进行模仿和拓展，充分发挥学生的想象力。和学生共同融入听力训练中，注重倾听个体学生的答案和解释，给予适当的提示和指导，尤其是多给予积极的肯定和鼓励。

二、大学英语听力训练策略

（一）选择多样化的听力材料

在选择听力材料时，教师既要结合教学实际的需要，也要结合学生现有的能力和兴趣，还可以让学生在课堂上以英语游戏的形式参与活动，循序渐进地进行练习，让学生既在乐中学，也在玩中学，最大限度地挖掘他们的潜在能力，发挥他们的主观能动性。

丰富的课堂内容，比单一的听力训练更能激发学生的学习兴趣。兴趣是最好的老师，有了兴趣，英语学习就是一种享受，学习效果自然会事半功倍。传统听力教学长期采用单一的教学模式：放音、练习、对答案，过于依赖教材，听力内容单调乏味，无法激发学生的学习兴趣和热情。因此在课堂材料的选择上，应充分考虑学生的兴趣、心理状态，选择当下热门话题等。

在多媒体教学环境下的今天，教师可以播放英文电影、教学情景对话、英文歌曲或某个明星的演讲，甚至是 VOA、BBC 新闻进行听力练习，通过增强听力内容的趣味性、时效性，适当引入一些流行元素，提高学生的英文水平。英文电影这一种直观、形象、生动的学习方式，越来越受到学生的青睐。英文电影有吸引人的剧情，可让学生身临其境，有些情节非常具有趣味性，影片中的英语不再是死气沉沉的、让人望而生畏的语言，而变成妙趣横生、充满生机和活力的实践。

每周增加一些这类内容，并在人机对话中让学生学唱英文歌曲，进行英文电影配音，这将大大提高学生的英语学习热情和积极性，从而使其在轻松愉悦的氛围中提高英语听力水平，并且对提高学生的口语表达能力也非常有帮助。

（二）加强文化背景知识介绍

随着英语听力教学的不断深入和发展，文化背景知识的导入愈来愈受到重视。每个民族都有自己独特的文化背景和风俗习惯，如果不熟悉西方英语国家的文化背景知识，不懂得用西方思维方式来理解英语语言，就会给英语学习造成很大的障碍，学生就会很难理解某些听力材料或是产生误解，有时学生可能已经听清楚每个词了，却不能完全理解整个句子或是整篇文章所要表达的意思。在大学英语听力训练中，介绍文化背景知识是十分重要的，从下面几个文化背景知识对听力的影响就可以看出。

1. 民俗习惯

随着国际交往的进一步发展，越来越多的中国人知道了一些西方节日，但是因为不了解西方文化，往往不知道这些节日的起源和发展。例如有一篇关于Boxing Day 的听力材料。Boxing Day 译为节礼日，是每年的圣诞节次日或是圣诞节后的第一个星期日。关于节礼日的起源存在争议，一种被广泛认可的说法是雇员在圣诞节后的第一个工作日会收到雇主的圣诞礼物，这些礼物通常被称为"圣诞节盒子"（Christmas Boxes）。另外一种说法是牧师将在这天打开功德箱，将里面的捐款分发给穷人。节礼日现在普遍被认为是购物日，因为在圣诞节过后的第一天，一般商家都会推出减价活动。如果学生并不了解有关节礼日的文化背景，就会误以为是拳击日，是打架争斗的日子。

2. 思维方式

不同的民族有着不同的思维方式，对待同一事物的看法也会有所不同。比如在时间观念上中西方就存在差异。在赴约时，中国人会提前到达以示礼貌，而美国人则更注重要准时到达。如果迟到，让人等候，显然是不礼貌的，可去得太早也不好。因为主人要收拾房间、准备饭菜，如果去早了，主人还没有准备好，又要出来接待你，就会造成很多不便。所以在一些非常正式的场合，守时就显得更为重要，一旦去早了，最好在外面等几分钟再进去。在这样一道听力题目中：

What is considered polite for guests according to the American culture?

a.To arrive on time.

b.To arrive about 5 minutes early.

c.To arrive about 5 minutes late.

如果学生了解中西方对于时间的不同理解，很容易就能选出这道题目的正确答案。

3. 法律制度

在不同的国家，法律法规、制度政策等都会存在着很大的差异。如果对于这些差异不是十分了解的话，就会造成听力理解上的障碍。例如有一篇讨论私人持有枪支是否合法的听力材料。中国公民私自拥有枪支是违法的，而美国公民则可以。如果了解这两个国家在法律规定上的差异，就能更好地理解这篇听力材料了。再如在一段关于交通法规的听力对话中，其后有这样一道题目：

What could happen if you park your car by a double yellow line?

交通法规中的一些标识语在各个国家其代表意思是有所不同的，如果我们知道在英国"a double yellow line"表示"No Parking"，这道听力理解题目就很容易解决了。

4. 生活习惯

在不同的文化背景下，各个民族的生活方式及礼仪习俗必然有所不同。了解了这种生活习惯上的差异有助于更好地理解听力材料的内容。例如有这样一道听力理解题目：

What would your English host think if you finish your food at a dinner party?

a. You would like some more.

b. You had a good appetite.

c. You didn't quite like the food.

d. You had enjoyed the food.

按照中国人的习惯，在做客时不要吃光所有的东西，要留一点儿表示你吃饱了。而在英国客人要吃光自己碗碟中的东西表示你很喜欢主人为你准备的美食。知道了这一生活礼仪上的差异，这道题目也就迎刃而解了。

（三）播放听力材料前的提示

在给学生上听力课时，教师不能只是给他们播放录音，也不能只给他们解释一点儿词汇或者短语，而是应当用已有的与材料相关的知识来引导学生。比如，老师可以通过简短的讨论进入主题，让学生根据听力题目或者预先给的一些暗示来猜猜听力的内容，从而帮助学生理解所要听的材料。通过这些方式，可以让学生对将要听到的内容有所期待，也从心理上进入一个准备阶段。

更为重要的是，要给学生一个可选择的任务与目的。没有一定的目的，学生将处在一片黑暗之中，当他们努力地想记起一切的时候，事实证明到最后他们什么也想不起来。所以，应当尝试在播放听力材料之前给学生提出一些问题，或者要求他们挑出两到三个要点，或者给出听力过程中的主要步骤。设计一些有特点的与主题相关的任务，摒弃无关的信息。如果材料过长的话，可将材料分割成几个部分，根据不同部分的内容提一些相关的问题。如果材料有一定的难度，可先用简单的语言来表述，但是切记不能说太多或者自己将材料重复地跟学生叙述。否则，学生将可能因此而对材料失去兴趣。同时，也可以培养学生在听听力材料的同时做笔记的能力，在学生听听力材料之前提出一些相关的问题，这样一来学生就更有目的性，效率也会提高。用这种方法，学生就不会遗漏材料中的一些要点和细节，同时，这种方法也有助于学生理解较长的听力材料。

（四）教会学生抓住重点

通常学生喜欢把材料里的每个单词都理解清楚。事实上，不同的听力材料在不同的语速下，大部分学生特别是听力能力不是很好的学生，想听懂每个单词基本上是不可能的。对于这些学生而言，要把每个单词都听清楚并弄懂它的含义，往往可能会顾此失彼，赶不上听力内容的速度，只能抓住其中的部分意思。甚至有的学生由于过于纠结于某个单词的意思而错过了听力材料的大部分内容，得不偿失。所以总的来讲，只要学生能把听力材料的重点，即能帮助理解材料的内容听懂并理解就可以了。一般来说，一篇材料里的诸多新单词并不会影响学生理解全篇大意。所以教师应当经常提醒学生要听重点，根据问题留意某些细节就可以了，教会学生如何抓住听力材料的重点。

（五）精听与泛听相结合

精听是指"精确听力练习"，要求学习者在听力练习中捕捉到每一个词、每一个短语，不能有任何疏漏和不理解之处；而泛听则要求学习者在听力练习中以掌握文章的整体意思为目的，只要不影响对整体文章的理解，一个词、一个短语甚至一个句子听不懂也没关系。

精听的练习方法如下：

第一遍精听。这个时候一定要全神贯注，以篇章为单位，听完一遍之后，试试看能回忆出多少刚刚听到的内容。这个阶段只要求回忆大意就可以了。如果可以回忆出来那最好，如果有问题的话就再听一遍，直到可以回忆出来为止。在这个过程中，要注意检查自己是不是能听到发音类型，听到的生词多不多，语速是不是过快或者过慢，能不能听到一篇文章或对话中句子之间的逻辑关系。在精听第一遍的时候要达到的效果就是回忆出大意。

精听第二遍。第二遍要达到的效果是复述原文。有了第一遍的基础，再听一遍。还是以篇章为单位，一遍一遍地听。听完一遍，暂停，然后复述自己刚刚听到的内容。接下来就是用自己的话概括一下文章的大意，不用精确到具体的时间、地点、数字（这些是下一阶段的任务）。

精听第三遍。第三遍的精听就是细节听力。与前两次不同，这次听的时候，要适当地用笔记录下来一些细节，比如说时间（昨天还是今天、早上还是晚上、几点、哪年、哪月、哪日、星期几）、地点（哪个国家、哪个城市、哪条街、哪条巷、几号门牌）、人物（名字、关系、年龄、职业、爱好、特长），以及文章中具体描述的某件事情的一些细节。如果有列举的成分在，一定要努力列清所有的条目。听完一遍后，看着自己的笔记，试试看能不能把这个文章讲出来。不仅能讲大意，还要讲细节。这个过程叫作"笔记辅助复述"，就是越是能详细地复述出原文越好。

精听和泛听可以结合练习，如某一篇文章中有几段可以用精听的方法练习，在练习的过程中可以准确无误地听到某些细节性的信息，有几段可以用泛听的方法了解文章的梗概。

第四章　大学英语口语教学理论研究

第一节　大学英语口语教学理论

一、建构主义理论

大学英语口语教学需要有话题支撑，教学的过程需要老师和学生的交流与协作才能进行，学生的主体地位十分突出。建构主义教学理论在大学英语口语教学中具有很强的适用性。

建构主义是认知结构学习理论在当代的发展，它强调学生的巨大潜能，认为教学要把学生现有的知识经验作为新知识的生长点，引导他们从原有的知识经验中"生长"出新的知识经验。建构主义认为，学习是在社会文化背景下，通过人际间的协作活动而实现的意义建构的过程。

（一）知识观

建构主义者一般强调，知识并不是对现实的准确表征，它只是一种解释、一种假设，并不是问题的最终答案。而且知识不可能以实体的形式存于具体个体之外，尽管我们通过语言符号赋予了知识一定的外在形式，甚至这些命题还得到了较普遍的认可，但这并不意味着学习者会对这些命题有同样的理解，因为这些理解只能由个体基于自己的经验背景而建构起来，它取决于特定情境下的学习历程。学生对知识的"接受"只能靠他们自己的建构来完成，以他们自己的经验、信念为背景来分析知识的合理性。学生的学习不仅是对新知识的理解，而且也是对新知识的分析、检验和批判。

（二）学习观

建构主义者认为，知识不是通过教师的传授获得的，而是学习者在一定的情境即社会文化背景下，借助其他人（包括教师和学习伙伴）的帮助，利用必要的学习资料，通过意义建构的方式获得的。学习是个体建构自己知识的过程，这意味着学习是主动的，学生不是被动的刺激接受者，他要对外部信息作主动的选择和加工，因而不是行为主义所描述的刺激—反应过程。而且知识或意义也不是简单地由外部信息决定的，外部信息本身没有意义，意义是学习者通过新旧知识经验间反复的、双向的相互作用过程建构而成的。其中，每个学习者都在以自己原有的经验系统为基础对新的信息进行编码，建构自己的理解，同时原有知识又因为新经验的进入而发生调整和改变，所以学习并不是简单的信息积累，它也包含由于新旧经验的冲突而引发的观念转变和结构重组。学习过程并不简单是信息的输入、存储和提取，而是新旧经验之间的双向的相互作用过程。

（三）课程观

建构主义者强调，用情节真实、复杂的故事呈现问题、营造解决问题的环境，以帮助学生在解决问题的过程中活化知识，变事实性知识为解决问题的工具；主张用产生于真实背景中的问题启发学生思维，并以此支撑和鼓励学生进行解决问题的学习、基于案例和项目的学习，进而以此方式参与课程的设计与编制；主张课程既要基于学科，又要超越学科，面向真实世界，从而使教学始于课堂，走出课堂，融于社会。

（四）教学观

建构主义者强调，教学通过设计重大的任务或问题以引导学习和支撑学习的积极性，帮助学习者成为学习主体。建构主义学习环境由情境、协作、会话和意义建构四个要素构成。其中，情境是意义建构的基本条件，教师与学生之间、学生与学生之间的协作以及会话是意义建构的过程，而意义建构则是建构主义学习的目的。

（五）学生观

建构主义者强调，学生并不是空着脑袋走进教室的。在日常生活中，在以往的学习中，他们已经形成了丰富的经验，往往会依靠他们的认知能力，形成对问题的某种解释。而且这种解释并不都是胡乱猜测，而是从他们的经验背景出发推出的合乎逻辑的假设。所以，教学要把学生现有的知识经验作为新知识的生长点，引导学生从原有的知识经验中"生长"出新的知识经验。

（六）教学模式

基于建构主义教学观的理论，产生了一系列不同于以往的教学模式，在此简要介绍其中较为典型的几种。

1. 情境性教学

情境性教学强调教师在课堂教学中展示与现实中专家解决问题过程相类似的探索过程，提供解决实际问题的原型，并指导学生的探索；强调以模拟真实性任务供学生了解自己所要解决的问题，以整体性、复杂性、挑战性任务激发学生学习的内部动力，培养学生解决问题的能力。

显然，情境性教学的仿真性应是英语口语教学竭力追求的教学思路。仿真性探索过程或原型式问题解决过程展示，是当前普遍的英语口语教学模式。只要看看外文书店货架上琳琅满目的音像口语教学材料，我们就能感受到人们单纯依赖英语口语教材的时代已经一去不复返。情境性教学理论对于我们转变学习观、教学观具有重要的现实意义，也正因为如此，如何大胆地取舍教材，如何大胆地汲取各种信息媒介中的英语口语课程资源，已经成为我们目前必须正视和思考的问题。

2. 支架式教学

支架式教学模式是针对教师和学生在教与学的过程中各自所起的作用而言的：教师引导着教学的进行，辅助学生掌握、建构和内化所学的知识技能，从而使学生进行更高水平的认知活动。也就是说，通过"支架"（教师的帮助）把管理学习的任务逐渐由教师转移给学生自己，最后撤去"支架"。

具体到英语口语教学，教师的引导和辅助作用也十分重要。史蒂芬·克拉申（Stephen Krashen）的输入假设理论（Input Hypothesis）认为，成人语言习得（acquisition）需要在课堂上尽可能多地接触可理解的语言输入（input）。尽管目前理论界对于克拉申的理论颇多质疑，但我们无法否认英语学习中语感的存在，无法否认大量输入对于语感形成的重要作用，因此大多数教师还是倾向于学生外语学习中习得与学习（learning）并存的说法。联想到我国英语教学法在传统教学法与交际教学法之间如何作出选择的问题，我们不应该非此即彼，而应依照不同的原则，把二者有机结合起来。在英语口语课堂教学中，教师必须做的就是让学生理解语言输入，进而保证学生从 i 阶段（习得者的能力水平）移向 i+1 阶段，即按某种自然顺序（natural order）习得的阶段。而如何把握"可理解"的尺度是非常关键的，是非常需要教师发挥其"支架"作用的。

3. 随机进入式教学

随机进入式教学是指对同一内容、不同时间、不同情境，基于不同目的，着眼于不同方面，用不同方式多次加以呈现，以实现学习者对同一对象的全方位、多方面的理解。

二、输入输出理论

（一）输入理论

输入这种教育教学理念在外语教学与研究领域一直受到广泛关注。作为语言习得的前提和必要条件，学者们就其在语言习得过程中的地位进行了论述。在关于输入的众多理论研究中，最具影响力的是美国学者史蒂芬·克拉申在1985 年提出的"输入理论"。克拉申在其"输入理论"中指出，可理解性输入（Comprehensive In-put）是二语习得的唯一条件。"可理解性输入"指的就是整体难度不超出外语学习者的基本能力和理解范围，但又稍稍高于学习者的现有水平的语言输入，用公式表示就是"i+1"，式中"i"代表学习者目前的知识水平和能力，"1"代表略高于学习者目前知识水平的语言知识，"i+1"表示学习者习得后略高于原来水平的语言能力。克拉申认为只有提供给学习者高于目前语言水平的可理解性输入，语言的习得才得以发生。对于"i+1"的知识内容，学习者根据具体语言材料提供的情景能自然而然地习得语言，语言能力的提高也因此自然而然地发生。

克拉申认为可理解性输入应具备以下几点特征：

1. 可理解性

可理解性地输入是产生语言的前提和要素，不可理解性的语言对于语言习得是毫无用处的。为语言学习者提供的语言材料及创造的语言环境应是可理解性的，只有这样学习者才能根据自己的现有语言水平有选择性地获取新的语言知识，从而推动语言能力的进一步提升。

2. 非语法性

语言材料和教学内容的安排没有必要按照语法要求编排，这样做的目的是帮助学习者把注意力放在具体语言使用环境中的语言交流上，避免学习者把注意力过度集中在语言形式上的安排。

3. 关联性

用于输入的语言必须要与学习者有一定的关联性，只有这样，学习者才能够在相关背景知识的帮助下自然而然地习得语言。

4. 充足性

对于学习者语言知识的输入量要充足并且高于当前语言学习者的语言水平，只有充足的高于现有语言水平的输入才可以促使习得语言。

（二）输出理论

克拉申的输入理论认为，可理解性输入是语言习得的唯一条件，至于输出，只是输入的自然结果，对语言习得没有直接作用。针对克拉申提出的语言"输入理论"中的不足，著名语言学家斯维因（Swain）提出了"输出理论"。输出理论是他对于以英语为母语的学生开设法语的语法课程时提出的。他指出，学生在进行外语学习的过程中经常会犯一些语法错误，这种现象出现的原因并不单纯是学习者的语法基础，另外一个通常被教育者忽视的原因是课堂上教师绝大多数时间都在进行输入式的教学，学生很少用目的语言进行交流，教师反馈也不成系统。斯维因的输出理论认为，语言的习得不仅需要输入，输出也是必不可少的一个环节。可理解性的输出不仅可以锻炼语言学习者的口语流利性，对于提高学习者的语法准确性也有重要意义。

斯维因指出，可理解性输出对于语言的习得具有三种功能，分别是引发注意功能、验证假设功能和元语言功能。

1. 引发注意功能

输出理论认为，在学习者进行目标语输出的过程中，会注意到自身的语言问题和目标语之间的差距，这种注意引发学习者进一步有意识地思考和认知，语言输出的准确性得以产生。

2. 假设验证功能

语言学习者在习得的过程中首先对目标语的语言形式和结构形成假设，然后以输出为形式对于假设进行验证，随着反馈的产生，不断进行修正，进而形成新的假设，假设验证功能循环进行，语言习得随之产生。

3. 元语言功能

元语言是指学习者所具有的目标语知识的总和。输出过程中，学习者的反思和分析，激发了其对目标语的内在认识，以语义为基础的认知逐渐过渡到以语法为基础的认知，输出在整个过程中扮演了元语言功能。

（三）输入输出理论对于大学英语口语教学的启示

1. 完善可理解性课堂输入

学生在口语表达中遇到的最大问题通常是无法用现有的语言知识表达自己的观点和想法，究其原因是语言输入太少，输入量不足，无法促进输出。克拉申指出了可理解性输入对于语言习得的重要意义。大学英语口语教学改革的首要任务就是完善和加强可理解性的课堂输入。

根据输入理论的要求，提供给语言学习者的输入须是可理解性的，因为根据输入理论，只有可理解性的输入才能有效促成语言习得。因此，英语课堂上的语言输入首先需符合学生的实际语言水平，根据学生现有水平进行输入材料的选择，因材施教，输入材料既要符合学习者的现有水平，又要在一定程度上超出学习者目前的口语水平，这样的输入更有针对性。高校扩招使得学生的口语水平参差不齐，而完善的可理解性课堂输入能够有效解决这一问题。

另外，丰富的材料对于输入是必不可少的。克拉申的"i+1"公式明确指出高于学习者目前水平的输入量的必要性。多种多样的阅读材料和听力资源都是输入的有效途径，教师可以不拘泥于教材，向学生推荐一些知识性、趣味性、前沿性都很强的阅读听力资源，如可以让学生阅读英语报纸杂志、观看英文电影和电视节目、收听英文广播等，这样才能有效地补充课内输入单一性的不足，让学生接触到地道纯正的英语表达，让学生通过课内外输入尽可能多的语言知识，以促进口语输出的产生。

2. 多种途径推动语言输出

根据斯维因的输出理论，可理解性输入之后，大量可理解性输出对于语言习得起着关键性的作用。对于大学英语口语教学来说，形式多样、行之有效的口语输出方式至关重要。对于口语输出来说，轻松愉悦的课堂氛围是非常必要的，教师要为学生营造一种轻松的无压力的交流氛围，充分考虑到学生的个体差异，重视对于学生的鼓励和自信心的培养，使学生在宽松的课堂环境中进行有效的口语输出。

传统的大学英语教学实践中，教学模式以"填鸭式""满堂灌"等单一语言输入方式为主，大学英语口语课堂改革中，教师应不断探索多样性输出形式，力争在有限的课堂时间之内，提供给学生更多的输出机会。分组讨论、作报告、辩论、故事复述、图片描述、定题对话、英文歌曲比赛、短剧表演等课堂活动都是很好的培养学生口语表达能力的输出方式。学习者在输出的过程中，他们在特定语境中意识到自己目前的语言水平与目标语之间的差距，由此充分引起注意，推动自己进行语言输出，并在输出的过程中不断验证假设，不断完善本身的语言结构，从而达到语言能力的习得。

3. 完善英语口语测试体系

测试是输出过程中的重要环节，比较我国目前现行的各类语言类测试，我们会发现现行英语考试中，英语口语测试并没有引起足够的重视，其极大限制了英语学习者口语水平的发展。对于现行影响力最广的中考、高考、大学公共英语四六级考试、专业英语四八级考试，都没有对于口语的考查环节（即使个别考试有口语测试的环节，也只是针对极少数成绩较高的同学而设置的测试）。现行英语考试设置对于口语测试部分的忽视，无疑会把绝大多数大学英语学习者的学习重点引向阅读或者听力、写作，而忽视了口语表达的重要性。

输入输出理论作为语言习得的全新视角，在如何加强教师与学生之间、学生与学生之间的互动，如何提升学生的学习动机和积极性，如何设计以输出为目的的教学活动等方面都具有重要的启发性作用。如果将输入输出理论应用到英语教学实践和改革中，完善可理解性的课堂输入，并且探索多种途径推动学习者的语言输出。输入输出理论作为一种全面的视角和教学思路，在大学英语口语教学改革及整个大学英语综合教学模式探索方面都有一定的启发和借鉴作用。

三、二语习得理论

（一）二语习得理论的定义

第二语言习得（Second Language Acquisition，SLA）简称"二语习得"，通常指母语习得之后的任何其他语言学习。人们从社会学、心理学、语言学等角度去研究它。二语习得研究作为一个独立学科，大概形成于 20 世纪 60 年代末 70 年代初。它对第二语言特征及其发展变化，学习者学习第二外语时所具有的共同特征和个别差异进行描写，并分析影响二语习得的内、外部因素。与其他社会学科相比，二语习得研究是个新领域，大都借用母语研究、教育学研究或其他相关学科的方法。概括地说，这一领域的研究是为了系统地探讨二语习得的本质和习得的过程。其主要目标是描述学习者如何获得第二语言以及解释为什么学习者能够获得第二语言。

（二）二语习得理论的研究

早期的二语习得理论是教学法的附庸，为提高教学质量而服务，但是随着时代变迁，二语习得理论有了自己的研究领域，开始成为一门独立的学科。现时的二语习得研究涉及三大领域，即中介语研究，学习者内部因素研究和学习者外部因素研究。

自 20 世纪 70 年代以来，人们对二语习得从各个不同的方面进行了研究，所运用的研究方法也各具特色。有的研究侧重于描写，有的研究偏重于假设，有的研究则采用实验。多年来，第二语言的多侧面、多方法的研究格局导致了该领域中的理论层出不穷。比较著名的二语习得理论有乔姆斯基的普遍语法与二语习得、克拉申的监控理论和二语习得环境论。

在 20 世纪末影响最大、最引人关注的二语习得理论当数克拉申的监控理论（Monitor Theory）。他把监控论归结为 5 项基本假说：语言习得与学习假说、自然顺序假说、监控假说、语言输入假说和情感过滤假说。克拉申认为二语习得涉及两个不同的过程：习得过程和学得过程。所谓"习得"是指学习者通过与外界的交际实践，无意识地吸收到该种语言，并在无意识的情况下，流利、正确地使用该语言。而"学得"是指有意识地研究且以理智的方式来理解某种语言（一般指母语之外的第二语言）的过程。克拉申的监控假说认为，通过"习得"而掌握某种语言的人，能够轻松流利地使用该语言进行交流；而通过"学得"而掌握某种语言的人，只能运用该语言的规则进行语言的本监控。通过一种语言的学习，我们发现，"习得"方式比"学得"方式显得更为重要。自然顺序假说认为，第二语言的规则是按照可以预示的顺序习得的，某些规则的掌握往往要先于另一些规则，这种顺序具有普遍性，与课堂教学顺序无关。"输入假说"是"监察理论"的核心内容。克拉申认为，学习者是通过对语言输入的理解而逐步习得第二语言的，其必备条件是"可理解的语言输入"（comprehensible input）。只有当学习者接触到的语言输入是"可理解的"，才能对二语习得产生积极作用。"情感过滤假说"试图解释为什么学习者的学习速度不同，最终达到的语言水平不同。学习者所接触的可理解输入的量以及他们的情感因素对语言习得同样产生重要影响。情感最终影响语言习得的效果。

（三）二语习得应用的阶段

二语习得在实际的语言学习过程中包括四个基本阶段：沉默期；干扰期；学术英语提高期；学习曲线上升期。

根据前面所述的二语习得理论及具体的四个阶段可以看出，克拉申的二语习得理论对语言教学有着重要的启迪作用，确实为二语习得的研究和教学开辟了一片新的领域，使第二语言的教学有了长足的进步，而由克拉申自己开创的自然教学法也取得了很好的效果，直到今天仍然很盛行。首先，语言是交流的工具。克拉申的整个理论是建立在"语言是交流的工具"这一基础上的。习得和学得的区别是前者是潜意识的学习过程，后者是有意识的学习过程。前者是以"规则"为判断基础，后者是以"语感"为判断基础。从根本上说，语言是交流的工具而不是规则、语音和词汇的组合。中国学生和教师都熟悉我们传统的语言教学模式，通常我们的每一节课都会以教授和练习某一语法结构为目的，这一语法结构掌握了，就会开始下一个。事实上，我们应该"先要交流再要语法"。只有把交流看作教学的重心，语言教学才会成功。其次，输入第一，输出第二。在语言学习中，听、说、读、写四种技能很难被分开，所以也很少有人去考虑哪个更重要。克拉申则强调只有在有了足够的输入，学习者感到已经准备好了的时候，输出才会自然出现。在接触了足够的输入，积累了足够的语言能力后，输出会自然出现。克拉申认为可理解的输入是提高语言能力的唯一因素。最后，语言课堂的气氛应该降低情感过滤因素影响。情感因素会妨碍或促进输入到达语言习得机制。所以，语言学习的课堂气氛应当有助于降低学生的情感因素的妨碍作用。

在这里，作为大学英语口语教学当中角色之一的教师就要发挥好指导作用。教师的首要职责是创造一种宽松的课堂氛围，促进语言习得的效果。教师的主要任务是鼓励学生，提高学生的语言学习兴趣。无论他在课堂里做什么，教师都应该能够激发学生的兴趣，降低学生的情感过滤因素的妨碍作用。在教学的不同阶段，教师可能会担当不同的角色：

在提供输入材料阶段，教师是提供信息者。这一阶段是语言学习最重要的阶段，教师将是舞台的焦点，通过各种手段向学生提供可理解的足够的输入材料。

在练习阶段，教师将是导演和现场督导。在此阶段，轮到学生说话，教师要像经验丰富的导演那样进行指挥和组织，并起到督导的作用，保证活动的顺利进行。

在输出阶段，教师将是经理和导游。在这一阶段，教师要善于鼓励学生，使学生保持兴趣。同时，作为大学教师，还要注意在课堂的教学活动中不要过分要求输出，在开始阶段应允许学生用单词、短语甚至断句来回答，循序渐进。语法虽然是英语学习的基础，但在口语的教学活动中，对语法的纠正应该被局限在最低的程度，毕竟有意识的语法应用无助于语言能力的提高。教师应当积极主动，多以鼓励和辅助为主，这样才有助于激发学生在口语学习中的学习动机、增强学生的自信、减少学生的焦虑不安。

第二节　大学英语口语教学的特点和目标

一、大学英语口语教学的特点

（一）口语教学内容的特点

英语口语教学的内容是广泛的，它不仅包括在口语课上教学生如何说，而且还要从教学内容、教学安排等方面保证学生在课下都有大量的口语实践机会。因此，教学内容的广泛、可延展性是英语口语教学的一大特点。教师可以有计划地组织安排各种训练活动，把训练学生听、说、读、写、译等各项能力有机地结合起来，根据不同阶段、不同的练习目的和主题采取诸如朗诵、辩论、演戏、配音、口头作文等多种形式，把握适当的难易度，巩固学生的基本功，使教学内容成为一个可伸缩的知识性、趣味性并重的系统。

另外，英语口语教学也是拓宽知识、了解世界文化的素质教育过程，兼有工具性和人文性。因此，设计英语口语课程时应充分考虑学生的文化素质和国际文化知识的传授以及听说能力培养的要求，给予足够的学时，鼓励使用先进的信息技术，开发建设网络课程，为学生提供良好的语言听说环境与条件。根据学校的实际情况，按照《大学英语教学大纲》的要求和本校的教学目标和教学特色将课堂教学与第二英语课堂相结合，确保不同层次的学生在英语应用能力方面得到充分的训练和提高。无论是第二英语课堂，还是主要基于课堂教学的课程，其设置都要考虑不同起点的学生，从提高学习兴趣的角度出发，激发学生的学习动机，从而使其能大胆开口说英语。

（二）口语教学模式的特点

英语口语教学不同于一般的知识传授过程，它的教学模式需要更多地体现英语教学的实用性、知识性和趣味性，有利于调动教师和学生双方的积极性，尤其要体现学生在教学过程中的主体地位和教师在教学过程中的辅导作用。教师可以根据不同活动内容的需要，灵活多样地选择最恰当的教具和最直观有效的教学手段，激发学生的学习兴趣，提高学生学习的积极性和主动性。根据学校的条件和学生的口语水平，还可以充分利用网络环境，直接在网上进行听说教学和训练。网络教学系统能随时记录、了解、检测学生的学习情况以及教师的教学与辅导情况，充分体现英语教学的互动性。与其他教学模式相比较，口语教学的教学手段和教学方法的选择是极大地影响着口语教学活动中学生互动性的实现程度，进而影响英语教学效果的好坏。

（三）口语教学评估的特点

教学评估是英语口语教学的一个重要环节。全面、客观、科学、准确的评估体系对于实现教学目标至关重要。它既是教师获取教学反馈信息、改进教学管理、保证教学质量的重要依据，又是学生调整学习策略、改进学习方法、提高学习效率和取得良好学习效果的有效手段。对学生学习的评估可分为两种：一种是形成性评估，另一种是总结性评估。无论采用哪种形式，英语口语教学的评估都是考核学生实际使用英语语言进行交际的能力。其中，学生口语表达的准确性和流利程度是衡量口语教学效果的重要指标之一。口语教学的主要内容是语音教学，自然规范的语音、语调将为有效而流利的口语交际打下良好的基础。尤其是在中学口语教学过程中，教师重视发音的准确性，而不过分强调流利程度，有助于学生培养良好的语言习惯。英语口语教学是通过对提高学生语音、语调、语速的准确性和流利程度来进行的。

（四）口语教学管理的特点

管理贯穿于英语口语教学的全过程，要确保英语口语教学达到既定的教学目标，必须加强教学过程的指导、监督和检查。因此，口语教学的管理要做到以下几点：（1）必须有完善的教学文件和管理系统。教学文件包括英语教学大纲和口语教学的教学目标、课程设计、教学安排、教学内容、教学进度、考核方式等。管理系统包括学生口语成绩和学习记录、口语考试分析总结、口语教师授课基本要求以及教研活动记录等。（2）口语教学推行小班课制，每班不超过 30 人，若自然班人数过多，可将大班分成约 30 人的小班，分开上口语课。（3）有健全的教学管理和培训制度。英语教师的口语水平是提高口语教学质量的关键，学校应建设年龄、学历和职称结构合理的师资队伍，加强对教师的培训培养工作，鼓励教师围绕教学质量的提高积极开展教学研究，创造条件因地制宜开展多种形式的教研活动。除课堂教学之外，对第二课堂指导的课时也应计入教师的教学工作量。

二、大学英语口语教学的目标

大学阶段的英语口语教学目标分为三个等级，即基础目标、提高目标和发展目标。

（一）基础目标

基础目标是针对大多数非英语专业学生的英语学习的基本需求确定的。具体如下：

能就日常话题用英语进行简短但多轮的交谈；能对一般性事件和物体进行简单的叙述或描述；经准备后能就所熟悉的话题作简短发言；能就学习或与未来工作相关的主题进行简单的讨论；语言表达结构比较清楚，语音、语调、语法等基本符合交际规范；能运用基本的会话技巧。

（二）提高目标

提高目标是针对入学时英语基础较好、英语需求较高的学生确定的。具体如下：

能用英语就一般性话题进行比较流利的会话；能较好地表达个人意见、情感、观点等；能陈述事实、理由和描述事件或物品等；能就熟悉的观点、概念、理论等进行阐述、解释、比较总结等；语言组织结构清晰，语音、语调基本正确；能较好地运用口头表达与交流技巧。

（三）发展目标

发展目标是根据学校人才培养计划的特殊需要以及部分学有余力学生的多元需求确定的。具体如下：

能用英语较为流利、准确地就通用领域或专业领域里一些常见话题进行对话或讨论；能用简练的语言概括篇幅较长、有一定语言难度的文本或讲话；能在国际会议和专业交流中宣读论文并参加讨论；能参与商务谈判、产品宣传等活动；能恰当地运用口语表达和交流技巧。

第三节　大学英语口语教学的现状分析

大学英语教学改革实施以来，取得了很大的进步。但相对于社会对外语人才听说能力的需求，英语教学在对学生"说"的能力的培养上还明显不足。

一、教学与学习方法单一

英语口语教学的目的是培养学生运用口语进行交际的能力，因此，英语口语教学应将教学重点放在能力的培养上，而不是一味地进行知识的传授。口语表达能力的获得主要依靠教师的指导与学生的练习。

从教师角度来看，很多教师并没有意识到口语课与其他课程的不同，讲授口语时仍然使用传统的"讲解—练习—运用"的教学方法，难以调动学生开口表达的欲望。

从学生角度来看，他们已经习惯了长期养成的上课记笔记、下课做练习的学习模式，在口语学习中处于被动接受地位。他们往往在没有语境的情况下做大量机械的替换、造句等练习，没有形成主动参与课堂活动的意识，甚至害怕提问、害怕开口，学生的口头表达能力自然难以提高。

二、教师指导方法欠佳

在英语口语教学中，很多教师在对学生的口语表达进行指导时缺乏科学合理的方法。具体表现在以下几个方面：

第一，很多教师在口语教学中使用逐字逐句的纠错方式，这容易使学生产生依赖心理，打击学生学习的积极性。

第二，很多教师没有对口语话题提供足够的语言支持，如给学生提供一些必要的词汇、重要句型等。

第三，很多教师没有对口语话题进行适当或必要的解释，没有从观念、情感、文化、价值观等方面对话题进行拓展，学生对话题理解不透彻，自然很难进行有意义的互动。

第四，很多教师不能从学生的角度出发去指导口语使用策略，如根据说话者的意图、语言功能、语境等对口语内容与方式进行组织。

三、学生口语能力差，心理压力大

由于教师与学生在口语方面投入的时间较少，学生在口语方面普遍表现欠佳，具体表现在以下几个方面：

第一，很多学生在进行口语表达时往往缺乏自信，他们总是担心自己出错，担心被批评、被嘲笑。虽然有些学生的口语能力并不差，却仍然不愿意开口说英语。这些负面情绪阻碍了学生口语交际能力的提高。

第二，由于不懂得话题展开的技巧，加上缺乏必要的练习，学生很难将学到的词汇、语法运用到口头表达中，因而常常会造成无话可说或不知如何去说的尴尬。

第三，受汉语影响，学生在口语表达上难免会出现各种问题。有的学生发音不准，影响了语义的表达；有的学生不能正确使用语调、重音等，影响了口语表达的规范性；有的学生带有很重的地方口音等。

四、教学环境有待改善

受传统英语教学观念的影响，英语口语教学环境有很多亟待改善之处。具体体现为以下几个方面：

（一）课时严重不足

与阅读、听力和写作相比，口语能力的提高往往需要更长时间的练习，这就意味着教师需要把更多的时间与精力放到口语教学上。然而，目前我国大学英语口语教学并不是一项独立的教学内容，分配给口语的教学时间也难以保证。以高校使用的《新编实用英语综合教程》为例，该教材主要包括五项内容：听、说、读、写、译。每个班级若按 45 人计算，加上学生参差不齐的英语水平，那么即使分配给口语课两个小时，每位学生接受的训练也十分有限。因此可以说，课时不足是英语口语教学的硬伤。

（二）缺乏配套教材

就目前的情况来看，我国适用于非英语专业的大学英语口语教材少之又少。我国大部分院校使用的英语教材或者将口语训练当作听力训练的延展而附在听力训练之后，或者直接取消口语训练。而那些处于附属地位的口语练习往往内容简短、系统性差，缺少必要的练习指导与参考答案，其实用性很难得到保证。

此外，市面上的口语教材要么过于简单（只涉及简单日常用语），要么难度太大（涉及一些专业领域），与大学英语教材在难度上难以实现对接，因此这些教材在辅助学生口语练习时的效果并不理想。

（三）教师素质有待提高

英语口语教学对教师自身的素质要求很高，很多教师的能力尚达不到教学的要求，最突出的表现就是很多教师的发音不够准确，对学生在发音中出现的问题无法给予及时正确的指导。

五、教学评价不科学

通常大学要求英语口语成绩占期末英语成绩总分的 10%，但具体怎样考核并没有一个统一的形式和标准，因此大多都是教师自己把握，有的老师为了省事，直接将每人每期一次的值日报告的成绩算作口语成绩，而值日报告基本是学生在课前事先准备好，只要在台上宣读或表演一番就可以了，基本上算不上口语交际。也有少数老师对学生进行口语测试，但基本上都是老师划定范围，学生考前准备，考时背诵出来而已。真正的即时交际少之又少。

总的来说，对于学生口语交际的考核和评价，目前大部分院校还没有出台具体的评价方法和实施方案，评价也多以教师的主观评价为主，缺乏科学理论作指导，因此对学生的学习热情激励不够。

第四节　大学英语口语教学策略研究

英语课主要目的是通过大量的语言实践和有意义的语言运用，帮助学生提高语言技能和实际运用英语的能力。英语课应倡导学生主动参与课堂教学活动，以口语训练为主、勤于动口，积极与他人合作、交流，激发英语学习兴趣。

一、纠正学生的英语发音

在大学英语的第一堂课，向学生阐明正确发音的重要性，即标准的发音是一个人英语口语素质的基本体现。并且督促学生积极纠正，在课下同学之间互相帮助、互相监督。同时教师也应该帮助学生总结一些极其容易出错的发音在课堂上有针对性地指出，让学生引起足够的注意和重视。教师可以安排学生课下作一些他们感兴趣的英语原声材料模仿练习并要求学生在课堂上进行展示，例如，电影对白、演说词、诗歌朗诵、英文歌曲等。学生通过模仿不仅可以纠正每个单词的发音，也可以有意识地去学习英语纯正的语调及地道的表达方法，从而增加对英语的语感。长此以往，一定能收到很好的效果。

二、培养学生自主学习意识

口语课成功与否很大程度上取决于教师与学生是否明确他们各自在口语课上的作用。现代英语教学法专家认为，教师不应是课堂的中心，真正的中心是学生。建构主义学习理论认为，学生是信息加工的主体，是意义的主动构建者。在英语口语教学中，学生是主体，教师要相信学生，培养他们的自主意识。学生并非一切都要等待老师才能学会，让他们用自己的眼睛、耳朵、嘴巴、手去看，去听，去说，去写。调动学生参与课堂教学的积极性，有效地改变教师一言堂的沉闷、单调的教学模式，形成以学生为主体的课堂教学氛围。具体到外语课堂上就是学习者中心地位的确立，著名语言学家大卫·纽南（David Nunan）认为，当今世界外语教学的总体趋势是以交际法为功能（Communication-functioned）、学习者为中心（Learner centered）、任务性学习为载体（Task-based）。

三、培养学生运用英语思维的能力

（一）鼓励学生掌握尽可能多的词组

在大学英语教学中，单词的学习不能占用太多的课堂时间，而应该成为学生自主学习的一项主要内容。传统教学中比较重视单词的掌握，并配以一定的例句，但在实际生活中，词组才是人与人交流的最小单位。因此，学生应以词组为单位，尽可能多地掌握词组。教师为了引导学生可以在课堂上适当地加入词组接龙竞赛之类的游戏，要求学生按顺序将自己所掌握的词组写到黑板上，这种方法一方面可以活跃课堂气氛，另一方面也可以提高学生记忆词组的积极性。

（二）地道英语／固定表达法的学习

学生对一些地道的英语表达法可以猜出其他的意思，却很难在说的时候想到这些固定的说法。所以，教师应该引导学生多看些纯正的英语阅读材料、地道的英语影片，并有意识地积累这样的句子，比如用一个小本子把平时看到的一些纯正地道的句子记下来，有空时就多拿出来翻一翻、读一读，在日常的生活中也可以随时地向周围同学朋友"显示一下"，来帮助自己记忆。久而久之，在很多情境下，学生们就可以按照英语的模式来表达意思了。

（三）背诵文章讲故事，培养语感

学生通过背诵短小精悍的文章，可以缓解畏难情绪，激发他们的兴趣，更重要的是培养了他们的语感。在跟读—朗读—背诵的练习中，学生们大大提高了断句能力和理解能力。其实，无论是什么材料，只要是地道的英文，难度符合学生的水平，内容是学生们感兴趣的，坚持背诵，都能提高学生的语感。例如，教师可以在每节口语课上安排一个学生讲故事的环节，要求学生把课下搜集的或者自己感兴趣的故事、笑话在课上讲给大家听，其实只要是学生感兴趣的，他们都能在课堂上踊跃表现。

四、注重口语教学中的输入和输出活动

口语教学的特殊性也表现在语言的输入与输出的关系上。输入与输出是构成口语交际能力的重要部分。外语交际能力包括准确接受信息和发出信息的能力，也就是输入与输出的能力。只有经过一定的语言材料的输入才可能有输出。一般来说，中国大学生很少有机会与来自说英语的国家人士交谈，缺乏真实自然的语言环境。教师作为课堂教学的组织者，既要注重给学生创造外语的环境，尽可能多地用英语组织教学，扩大学生间、师生间的英语交流，更要把课堂里所要掌握的知识与口头表达有机地融合在一起，给学生创设一个听说英语的氛围。

这就需要教师在教学中想方设法培养学生"听"和"说"的能力，帮助他们养成听说结合的习惯。大学英语朗读磁带、听力训练磁带和录像带为学生提供了很多素材，有助于学生扩大思维空间，提高学生对课文主题的兴趣，同时也增加了语言的输入。

（一）先听题，后听课文，回答问题法

这一步是让学生进行听力综合训练，培养语感，引导学生从整体上感知课文，提高在听的过程中获取和处理信息的能力。

（二）先看录像，再听课文，了解课文大意法

这一步要求学生抓住关键词，听大意和主题，确定事物的发展顺序或逻辑关系，预测下文内容，理解说话人的态度，评价所听内容，判断语段的深层含义，使学生进一步了解课文内容。

学生的口语输入主要是在课堂上以听英语磁带、看录像、电视等方式获得，其中教师在课堂上的作用非常重要。

五、强化交际性训练，提高口语交际策略

卡纳勒（Canale）和斯维因（1980）认为，交际能力包括四个方面：一是语言能力，指正确理解和表达话语（utterance）和句子意义所需的语音、词法、句法、词汇等语言知识系统；二是社会语言（sociolingisti）能力，指语言使用的规则，即在人际交往中合适理解和使用话语的能力；三是语篇（discourse）能力，指在超句子水平面上理解和组织各种句子构成语篇的能力；四是语言策略能力，指说话者在遇到交际困难时运用的一套系统的技巧，用于补救交际中因缺乏应有的能力而导致的交际中断。从以上分析可以看出，语言能力只是交际能力的一个组成部分，缺乏语用能力，即社会语言能力、语篇能力和语言策略能力，交际能力只是纸上谈兵。因此，大学英语口语教学应注重在交际性训练中培养语用能力，提高口语交际策略。

一是要创造语言环境，营造以学生为中心的课堂交际场景。语言学家希顿（Heaton）曾说过："课堂中的交际越真实、越频繁，自然环境和课堂环境的界限就越模糊。"因此教师应联系社会生活设计真实的任务情境，将语言知识的学习融于语言使用的活动中，使语言能力和语用能力的发展紧密结合起来。另外，策略能力也是交际能力不可忽视的一部分。当学生的语言知识和语言能力有限，不足以充分和合适地表达自己的思想时，可利用转述、借用、手势与

回避等策略保持交际渠道畅通。

　　二是要发挥教师的指导作用,调控与激励学生的学习动机。根据古德(Good)和布罗菲（Brophy）的动机理论（引自 Bridges&Hallinger，1992），动机策略包括激发和调动学生的外部动机与内部动机。外部动机指学习活动的表现与活动结果之间的联系,如出色的表现所带来的知识积累及其在今后学习中的价值;内部动机指学生在活动中付出努力而获得的自我愉悦感和成就感。因而教师应充分调控与激励学生的学习动机，为他们提供必要的资源和帮助。

　　三是要充分利用多媒体辅助教学，享受纯正的现场语言交际情景。多媒体信息量大、速度快，可帮助教师传递大量信息，给学生提供多种形式的训练方法及更多的语言实践机会，有利于语言应用能力的提高。同时，它具有语言、画面、音响三结合的特点，可把学生带进真实的社会语言交际场所，视觉、听觉冲击力强，效果得以优化。

第五章　大学英语写作教学理论研究

第一节　大学英语写作教学理论

一、整体教学理论

（一）整体教学理论概述

"整体语言教学"（Whole Language Approach）始于 20 世纪 80 年代的美国，最初用于美国中小学教授本族语的语言艺术及阅读教学，它强调语言的整体性，反对把语言肢解成音素、词素、词汇和语法学，强调口语和书面语言之间的互动性及内在联系。之后，研究语言习得的应用语言专家对整体语言教学作了深入的研究。美国亚利桑那大学教授"整体语言"学源的主要倡导人之一古德曼（Goodman）研究发现，儿童在读、写受到比较重视的环境里，读、写能力的发展过程与听、说能力发展的过程是并驾齐驱的。这一发现揭示，过去按听、说、读、写顺序进行教学的原则违背了语言发展规律。俄罗斯著名心理学家维果茨基（Vygotsky）认为：语言能力是通过与他人进行言语交际、思想交流而习得的。杰纳西（Genesee）强调事物的整体不是部分的简单总和，整体永远大于部分之和。

整体教学中的"整体"，是指在教学中把语言看作一个整体，而不是教师在课堂上讲解并让学生学习一些支离破碎的"技能"。"整体"教学就是用整体、联系的观点与方法来组织教学，其目的是让学生能够主动、有效、持久地学习，而不是教师在课堂上填充式地直接讲解，或让学生被动地重复课文中或教师讲解中已提出的信息。学生的写作技能和策略是在整体的真实的语境中发展而来的，各种技能的培养必须渗透到整个课程计划中，这就是整体教学的实质。

（二）整体教学理论在英语写作课堂上的应用

1. 整体

整体教学提出了整体统率局部的原则，采用从整体出发，从整体来教局部，教局部不忘整体的教学方法。教师应全面掌握《大学英语写作大纲》中对学生的全部要求，对毕业后学生在写作能力上达到的水平有一个整体的构想，并设计出每一年、每一学期甚至每一节课在写作方面所要达到的目标。把握整体的过程就是语言输入的过程，目的是让学生初步理解所要学的知识内容，对所要学的知识有一个整体的认识。写作技能的培训可以贯穿英语教学的各个学科。以精读课为例：在对一篇文章进行讲解分析的同时，教师也要设计本节课结束后，对学生写作能力的培养要达到怎样的效果，这样在课文的讲解中有意识强调作者的写作特点和优点，在潜移默化中进行点滴积累，最后达到提高学生写作水平的目的。

2. 分散

语言的功能和形式依附内容而存在，语言教学从整体出发，教师应将写作所要求的各种技能融于平时的各个教学环节中，语言知识和技能应通过自然的语言环境加以培养，而不应人为地把语言知识和写作技能分开来独立进行培养。分散可以让学生在平时的渐进式学习和积累中掌握全部的写作技巧，在潜移默化中达到水到渠成的效果。具体做法如下：

（1）分散到教材

教师可利用精读、泛读课堂加强学生对词汇的感悟，特别是同义词之间的差异。例如，我们不宜说 Our teacher is thin（应用 slim）或 Our teacher is fat，（应用 strong 或 plumpy，ect）。通过这样栩栩如生的事例，我们可以让学生明白词汇有抽象与具体、正式与非正式、高雅与通俗、褒扬与贬抑等区别。

词汇是语言的建筑材料，我们写文章总离不开措辞，文章写得好坏与用词有密切关系。在写作时学生犯的通病是该用具体词的地方却用了抽象词。"具体"和"抽象"是相对而言的，教师在授课时应用一些精辟的例句让学生明白在写作中词的意义越具体，越能给读者鲜明印象的道理，并鼓励学生掌握足够的词汇量，这样词汇量大了，才能在写作中游刃有余，随时能用上所需要的词。

（2）分散到时事

语言与我们的生活息息相关，教师可利用当前的一些国内外时事来激发学生要用英语表达的欲望。例如 2010 年在中国上海举办举世瞩目的世博会，请用简短的几句话描述一下你的心情。有很多学生可能都会用到 good，nice，happy 这类词，而且频率还会很高，但教师此时给出一些类似 wonderful，fantastic，marvelous，gorgeous 的词汇时，学生自己就会感悟到每个不同词汇的使用都会给文章带来不同层次的韵味。教师还可以适当扩展，对所学知识由表层向深层发展，引导学生对时事作出评论，从而掌握议论文的写作格式和要领。

（3）分散到媒体

多媒体计算机和网络通信技术的发展为学生学习提供了理想的认知工具，能有效地促进学生的认知发展。多媒体系统的多种感官刺激更符合人类学习认识规律，体现了学生认识主体的地位，同时还考虑到学生个体差异，改变了传统的"黑板＋粉笔"的教学模式。教师可以因势利导，通过媒体让学生了解并掌握一些计算机和网络的术语，并学会电子邮件和函购信笺的写作格式。

（4）分散到学生

整体教学体现出以学生为主导的教学思想，它改变了"教师讲学生听"的被动灌输方式，给学生创造了良好的氛围，让学生之间展开讨论，相互学习。学生之间相互检查所写的文章，检查出漏洞，再由学生进行讲解、分析、改错，这种学生与学生之间的学习要比学生向教师学更有深远意义。

总之，分散是把要学习的写作能力和技巧分散到每个学期、每一单元、每一节课，把要学习的知识重点和难点分散到各个单元，精讲多练，讲练结合，使学生在每节课的点滴学习中收获写作的全部知识。

3. 全面综合

分散讲解完每个知识点后，教师应让学生以归纳的方式及时总结重点内容，归纳写作技巧和各种写作格式，最终在学生的头脑中留下完整的知识，形成完整的印象。全面综合让学生对各个知识点的认识从模糊、凌乱到清晰、完整，这是质的飞跃，同时也符合记忆的心理规律。这一阶段可以用以下三种方法：课文内容的整体再现；词汇句式的综合再现；语法知识的重点再现。以课文内容再现为主导，教师可采用播放录音、复述提纲、图标归纳等手段得以实现，目的在于全面总结，使各个语言点、知识点变得系统化、条理化。

4. 实际运用

运用是教学的最终目标，运用也是教学过程的最终体现。写作教学应该贯穿于各学科的始末，光学不练永远达不到预期的目标。教师应在授课的一定阶段，结合所讲内容和这一阶段所提示的写作技能布置一些相应的写作练习，让学生在实践中得以巩固。教师可以指导学生写课文摘要或进行缩写、改写，以培养概括能力；对主题句和关键词按要求联句成篇；或根据范例模仿作文；教师还可根据课文内容设计一些具有概括性的话题，让学生讨论，以培养其交际能力。整体教学的理论使听、说、读、写的能力齐头并进。

二、语言模因理论

（一）语言模因论的定义

1. 语言与模因

模因论（Memetics）是基于达尔文进化论的观点解释文化进化规律的一种新理论。Meme（模因）一词是英国牛津大学著名动物学家道金斯（Dawkins）在其著作"*The Selfish Gene*"（《自私的基因》）一书中杜撰的，他将之定义为"文化传递的单位"。《牛津英语词典》收录该词后将它解释为"文化的基本单位，通过非遗传的方式、特别是模仿而得到传递"。模因与基因很相似，基因通过遗传来繁衍，模因则通过模仿进行传播，所以模因的核心是模仿。作为文化传播单位，模因的表现形式很多。任何能够通过模仿而复制的信息都可以称之为模因。从语言角度来看，学语言的过程就是语言模因复制、传播的过程，因为语言本身就是一种模因，任何字、词、段落乃至篇章只要通过模仿得到复制和传播都可以称之为模因。

2. 语言模因的创新

语言模因作为复制因子，具有保留性、变异性和选择性，即每一个模因既是对以前模因的复制与继承，又会在复制和传播过程中产生一定的变异，在变异中获得发展。因此，任何创造性的语言使用都是在模仿的基础上进行的，先模仿而后创新，没有模仿和继承，就谈不上创造和创新。联系到写作，仿写是读写结合的最基本形式。通过仿写能便捷地获得写作方法，缩短学生探索直接经验的时间，加速语言从理解到运用的过渡。从模因论的角度探讨模仿写作教学，有利于学生掌握快捷有效的方法，在"模仿"的基础上进行英语写作创新。

（二）语言模因论的传播方式

不管语言模因的形式和内容如何，其复制和传播方式基本上是重复与类推两种。

1. 重复—背诵

重复主要涉及对语言模因的直接套用，背诵是达到这一目的的直接手段。背诵作为传统教学模式一直被我国教育者所沿用；但如今，越来越多的教师却不屑于使用背诵这一传统学习策略，特别是在大学阶段，他们忽略了语言是在不断地复制和传播中得以生存的重要道理。事实上，背诵在写作教学中发挥着重要的作用。卡洛尔曾指出，"成功的外语学习就必然要求耗费大量的时间，这时间的大部分应用于重复操练上"。背诵能够强化语言输入，使学生加深对所学语法知识的理解，提高词汇、句型的记忆效果，增强语言知识的积累，从而使英语语言输出规范得体化。

2. 类推—仿写

类推是模因复制与传播的另一种方式，与写作教学结合在一起主要涉及同构类推。即保持原模因整体结构框架不变，替换其中某些内容从而出现新的模因变体或形成模因复合体的现象。在写作教学中类推其实就意味着仿写。仿写合理地运用了模因论"模仿"原则，是提高学生英语写作能力有效的训练方式。仿写常用的一种模因是表现型模因，即语言的形式嵌入不同信息内容而予以复制、传递的模因。仿写通常可以从两个层次进行训练：一是词句模因，二是段落篇章模因。

（1）词句模因

词汇是写作的基础，因此，教师应鼓励学生通过模因模仿积累同义异词或通过上下义、反义等关系联想记忆词汇。同义异词可以有效避免行文的单调重复，从而提高文章的表达能力。另外，实用句型模因也是非常重要的仿写训练内容，它可以提高学生的句子写作水平。

（2）段落篇章模因

段落篇章模因训练是模仿已知的段落或篇章结构，根据不同语境，变动原来的语言信息或其中的成分，表达出不同的内容。例如在理解了某个经典段落后，教师可以详细分析段落的结构、写作手法与技巧的运用，指导学生进行仿写。

（三）模因论对大学英语写作教学的启示

1. 背诵是语言模因的第一要素

背诵的目的在于充分熟悉大量目标语素材，强化语言输入，加强学生对词汇、句型的记忆和语法知识的理解，使英语语言输出规范得体。同时，教师应帮助学生准备一些包含相应模因的材料，使他们在背诵过程中能不断复制其语言要素，从而进一步组装并构成个人所需的语料。

2. 针对优秀范文进行分析和仿写

仿写是指在写作过程中模仿其他个体的写作行为或既成的规范语句或文章进行学习性写作的训练方式，它是遵循模因论"模仿"原则来提高学生英语写作能力的有效方式。因此，教师要引导学生运用不同的表达方式来陈述自己的观点，首先要求教师分析范文的结构，向学生讲解各种写作的体裁及其语言特色，让他们了解语篇建构由语言、语境要素和写作交际目的等诸多因素构成，然后通过仿写训练，达到提高英语写作能力的目的。

3. 采用联想教学启发学生的多层次思维

在表现型语言模因中，可以让学生产生不同的意义联想，在复制传播过程中可能会出现变异，但意义变异仍是语言模因变异的一种重要方式。因此，引入联想启发法可以促使学生积极地思考问题，开发他们的想象力。

4. 同伴之间的互相模因

互相学习从某种意义上也是互相模因，学生作文的评改讲评就是一个非常好的学习机会。在学生第一次写作完成后，根据教师的"自我纠错"要点先自己找错，再交到小组里轮流"传阅品评"，然后交给教师，最后环节是课堂讲评。课堂讲评主要是教师找出学生作文中典型的语言错误让他们集体改正及作文评比，被讲评文章要有目的性、针对性和代表性，要兼顾优秀、一般、较差，让学生进行比较，最终修改出好的文章，优秀的习作可放到班级论坛里供同学学习模因。所有活动自始至终都有学生的参与，是写作课的延续。

三、错误分析理论

（一）错误分析理论定义

出现错误（error）是语言学习过程中不可避免的现象。在语言学界，有关学习者错误的研究最先出现的是对比分析（contrastive analysis）理论。该理论将目标语（target language）与本族语（native language）进行对比，认为学习者错误是本族语的干扰造成的，主张有错必纠。随着认知语言学的发展，对比分析的不足越来越明显了，其中最主要的问题是忽视了学习者在语言学习过程中的主观能动性和许多错误无法通过两种语言的对比来加以解释。20 世纪 60 年代末，科德（Corder）提出了错误分析理论。该理论认为错误是语言发展过程中的必然产物，是学习者对新语言知识所作的一种假设（hypothesis）和尝试，为教师提供了学习者的语言掌握情况，对二语习得有着积极的意义。错误分析理论改变了对语言学习者错误的传统看法，即错误是需要彻底根除的学习障碍，对第二语言的教学和研究产生了深远的影响。

（二）错误分析及其意义

在教学法中，错误分析法是教学法中常用的一种方法，主要是对于学生在学习中产生的错误进行集中的总结和归纳。在英语写作教学中运用错误分析法，整理学生在写作中相对集中的错误点，通过对于学生的学习过程的分析，找到学生在学习过程中出现的语言错误的原因，从而从根本上认识和纠正学生在学习过程中的偏差。通过对于学生产生错误的分析，首先可以系统和全面地了解学生产生错误的原因，能够使教师在教学中更好地实现针对性的教学，提高学生的学习效果，减少学生在写作中的错误；其次，通过对于错误的分析，可以查找和检验教师实际教学中出现的问题，从而改进教学方法，提高教学效果。

错误具有三方面的意义：第一，教师对学生的语言错误进行系统的分析，可以知道学习者距目标有多远，还需要学习什么内容；第二，学习者的错误能向研究人员提供证据，说明语言学习的方式和采用的策略或程序；第三，错误是学习者不可避免的，出错可以看成学习的手段，用于检验关于正在学习的语言规则的假设。

（三）错误分析理论对大学英语写作教学的启示

1. 改变了对学习者错误的看法

传统观点认为，错误是本族语的干扰造成的，是二语学习的大敌，需要尽可能地避免和去除。而错误分析理论认为，错误是语言学习中不可避免的现象，对二语学习有着积极的意义。科德（Corder，1967）认为，错误为教师提供了学习者的语言掌握情况，为研究者提供了语言是如何被习得的证据，是学习者发现语言规律所需运用的策略之一。二语习得者的错误其实是他们对目标语进行的尝试和假设，错误的改正就是假设被检验并修改。通过这种不断进行的假设检验，学习者就能逐步克服自身的不足，进而不断向目标语接近，这其实就是二语学习的过程。所以，教师应对学习者的错误有正确的认识，克服教学中的急躁情绪和焦虑心理，认识到错误不仅是语言学习中的正常现象而且有积极的意义。因此，对待错误不必如临大敌而应采取宽容的态度，并让学生认识到这一点。教师要鼓励学生多写多练，不要因为害怕出错而总是写简单的句子，而要勇于在写作中锻炼写长句和从句的能力。

2. 区分错误，采取不同的处理方法

对学习者错误的宽容并不意味着一概忽略，因为有些错误如果没有得到

及时纠正，其形式就会固定下来并以潜在的方式存在于学习者语言（learner language）中，在多次纠正之后仍然会重新出现，这就是石化（fossilization）现象。石化现象会严重阻碍学生英语水平的进步。因此，教师要重视学生的错误，并对错误进行分析和归类。对影响句子的单个成分而不影响文章整体的错误可不必过多关注，而对影响句子整体和文章全局的错误、密集程度高的和普遍发生的错误、由于缺乏对西方文化和英语语言特征的了解而产生的错误等则要有足够的重视。

教师在纠正学生错误时可采取多种形式，为学生提供尽可能多的发现和纠正错误的机会，如自我纠错、同伴纠错、小组纠错等，鼓励学生充分开动脑筋，积极主动地纠正错误，从而加深对错误的印象，避免以后再次出现。对密集程度高的和普遍发生的错误可以采取课堂集中讲解的方式，对个别学生的错误可课后单独向其指正。但要注意，无论采取何种方式，教师都不能挫伤学生学习英语的兴趣和伤害其自尊心。

3. 重视输出在语言学习中的作用

在语言学习中，听、读属于语言输入，说、写属于语言输出。我国的英语教学中普遍存在的重输入、轻输出模式不利于学习者的语言学习。很多学生能够读懂有一定难度的英语文章，但是写出的英语作文却满是拼写和语法错误，甚至让人不知所云，这就是英语教学中轻视语言输出的后果。学习者的错误表示他们对目标语进行的假设，在错误得到改正，即假设得到检验时，学习者才能认识到他们在语言学习中的缺陷，他们语言学习的内在认知才能被激活。而只有在语言输出中，学习者才能对假设进行检验，其才能认识到自身语言与目标语的差距，这种差距的弥补会使学习者语言不断完善并逐步接近目标语。所以，大学英语教学中应重视对学生英语语言输出能力特别是写作能力的培养，并重视反馈的作用。通过对学生写作中的错误进行分析、归类和纠错，使学生发现不足并予以弥补。这样，学生语言中的各个元素就会不断重组，不断接近目标语，这就是二语习得的过程。

第二节　大学英语写作教学的特点和目标

一、大学英语写作教学的特点

大学阶段的英语学习主要包括听、说、读，写四项技能的训练。其中，写作教学与其他技能的学习又有差异。主要体现在以下几个方面：

（一）写作课是一个输出和检验的过程

学生首先要有一定的信息输入，对体裁、内容都要有一定的了解，同时不论是课后还是课中，学生都应有一定的阅读量，积累了丰富的词汇、句型和语法，才能在写作课上游刃有余。换句话说，写作课检验了学生平时的知识积累程度，检验了学生对语法的掌握和词汇的运用等。学生如果没有日常的积累，就没有写作课上的灵活自如。

（二）写作课对教师的要求高

写作课是输出和检验的过程。它不仅检验了学生的知识积累，同时也在检验着教师的积累和准备工作。一名好教师绝不会在写作课上只是让学生写一篇作文了事。首先，写作课教学要求教师充分准备素材，要让学生有所想、有所写，教师要启发学生思考。如针对题材的思考，针对体裁的思考，以及针对范文和遣词用句的思考等，都需要教师的启发和教导。所谓"授之以鱼，不如授之以渔"。其次，写作课要求教师具有比较广博的知识。因为写作的内容涉及多个方面，教师除了要有较高的外语水平外，还要对相关内容有所了解。这样才能言之有物，不会离题万里。第三，教师课后要有耐心和责任心。学生写作的水平需要教师的指正才能有所提高，因此课后教师的任务更重。阅读每一个学生的作文，然后给出适当的评语，没有充分的耐心和责任心是做不到的，或做不好的。所以说，写作课的成功与否，一方面需要学生自身的努力，另一方面也离不开教师的引导。

（三）写作课是循序渐进的过程

写作是一个复杂、循环、创造的过程，是一个不断发掘的过程。它要求写作者进行丰富的联想，发现题材并将之组织成文。要想提高写作水平并不是短时间能够做到的。许多学生平时能够阅读很复杂的文章，但却写不出完整的句子。有些学生错误地认为临考前背几篇范文就能在写作方面得高分。要解决根本问题，切实提高自身的写作水平，还需要多阅读、多分析、反复练笔。因为写作的过程并不是简单地记录所看到或所读到的内容，而是用另一种语言表达自己的思想的过程，其中涉及遣词造句、文章架构以及段落的衔接等方面的问题。因此，写作水平的提高需要较长时间的训练，非一两天或一两周所能促成。

二、大学英语写作教学的目标

大学阶段的英语写作教学目标分为三个等级，即基础目标、提高目标和发展目标。

（一）基础目标

基础目标是针对大多数非英语专业学生的英语学习基本需求确定的。具体如下：

能用英语描述个人经历、观感、情感和发生的事件等；能写常见的应用文；能就一般性话题或提纲以短文的形式展开简短的讨论、解释、说明等；语言结构基本完整，中心思想明确，用词较为恰当，语意连贯；能运用基本的写作技巧。

（二）提高目标

提高目标是针对入学时英语基础较好、英语需求较高的学生确定的。具体如下：

能用英语就一般性的主题表达个人观点；能撰写所学专业论文的英文摘要和英语小论文；能描述各种图表；能用英语对未来所从事工作或岗位职能、业务、产品等进行简要的书面介绍；语言表达内容完整，观点明确，条理清楚，语句通顺；能较好地运用常用的书面表达与交流技巧。

（三）发展目标

发展目标是根据学校人才培养计划的特殊需要以及部分学有余力学生的多元需求确定的。具体如下：

能以书面英语形式比较自如地表达个人的观点；能就广泛的社会、文化主题写出有一定思想深度的说明文和议论文，就专业话题撰写简短报告或论文，思想表达清楚，内容丰富，文章结构清晰，逻辑性较强；能对从不同来源获得的信息进行归纳，写出大纲、总结或摘要，并重现其中的论述和理由；能以适当的格式和文体撰写商务信函、简讯、备忘录等；能恰当地运用写作技巧。

第三节　大学英语写作教学的现状分析

英语写作能力是英语语言能力的一个重要组成部分，但长期以来，我国学生的英语写作能力一直没有得到有效提高。在全国大学英语四、六级考试中，学生"听"和"读"的成绩在近年来都有较明显的进步，但写作成绩则少有改善。这一方面可能由于早年的《大学英语教学大纲》对写作能力要求相对比较低，另一方面也与传统的英语写作教学方法有一定关系。当前大学英语写作教学情况主要表现如下：

一、思想认识方面

我国英语写作教学中还普遍存在教师既不愿意"教"、学生也不愿意"练"的问题。从教师角度看，很多语言规则是无法通过课堂教学让学生掌握的，只能通过学生对英语语言的大量使用实现。这些使用不仅指"写"本身，也包括"听""说"和"阅读"等。从学生角度看，由于写作涉及语言和内容两个方面，学生存在语言表达困难、缺少及时反馈等问题。而如果学生得不到及时、有针对性的反馈，他们提高英语写作能力的积极性会进一步被挫伤。

二、受应试教学目标的束缚

写作教学内容不得不围绕考试指挥棒转，从而无法摆脱应试教学的束缚。其后果是学生的写作思维教条化、模式化，写作内容千篇一律，无创新亦无内涵。除了写作范文和阅读理解文章外，学生很少有时间去阅读英文原版书籍杂志等。英语兴趣的培养和写作水平的提高都受到了很大影响。

三、课程教学时间不足

英语写作教学大部分是穿插在各学期精读课之后的练习中来完成的。若精读课能按教学计划顺利完成，教师就能利用有限的时间"蜻蜓点水"般地对写作进行简单讲解，否则，写作教学就被无情地忽视和删减掉了，完全成为精读教学的附庸。因此，写作教学在时间和内容上都无计划性、系统性，随意性强。

四、教学材料和模式上的局限性

现行教材中存在的弊端是"不仅分散、铺排较广，且时间跨度较大，难成体系"。目前诸多高校参与编写的大学英语的系列教材主要还是针对阅读和听说方面，而专门针对非英语专业学生的写作教材并不多也不精。另一方面，大多数老师还是遵循传统写作教学模式。首先讲解写作方法和技巧，然后给学生指定作文题目，要求学生在课后独立完成并在规定时间内交给教师批改。忽视了学生对写作素材的搜集、分析、判断、修改，学生认识不到写作是一个由师生共同完成的教学实践过程。

第四节　大学英语写作教学策略研究

一、大学英语写作过程教学分析

写作过程是一个复杂的过程，它不仅需要学生具有坚实的语言基本功，包括拼写、词汇、句法等，也需要学生善于安排篇章结构，充分挖掘内容深度。一直以来，写作都是语言学习过程中最重要的一个环节，也是教学中最为薄弱的一个环节。

（一）写作过程教学指导

写作过程主要分三个阶段：写前准备、写作过程、定稿修改。准备阶段的教学目标是让学生在教师的指导下全面分析、掌握材料，形成写作提纲和"腹稿"。写作过程是学生根据要求完成写作的全过程。定稿修改是通过师生的信息互动，学生将作文修改完善。在整个写作过程中，教师始终注意突出"学生是学习的主体"这一根本指导思想，注意调动学生写作的积极性，充分发挥他们互相帮助、共同提高的协作精神。如果将这三个阶段进一步细化，可分为审题立意、列出提纲、确定主题句、组织扩展句、撰写结论句和精修细正六个步骤。

1. 审题立意

审题是写好一篇文章的第一个且最重要的环节。文章是否切题就看学生是否认真审题，是否能明白题材的写作要求。英语专业写作都会给出提示语，甚至是作文题目，学生必须围绕所给提示语或题目展开论述。因此，审题并理解题旨很有必要。学生在拿到作文题目之后，先要仔细阅读题目，认真审阅写作部分提供的说明与要求，再确定相应的题材，如议论文、说明文。议论文主要是权衡利弊或就观点进行反驳等；说明文主要是阐述主题或提出解决问题的方案等。教师可以对学生进行提问，了解他们的审题情况。通过审题，学生明确文章的中心内容，从而达到审题立意。

2. 列出提纲

在确定中心思想之后，学生需粗拟一份提纲。提纲是文章写作的计划，也是一篇文章的基本框架。提纲可根据文章的结构列出。文章由引言段、正文部分和结论段三部分组成。引言段揭示主题，正文部分从不同的角度对主题进行阐述，结论段对全文归纳总结。

3. 确定主题句

主题句是表达全文主题的句子，它概括了全文的大意，全文的其他文字都应围绕它展开。因此，主题句一般放在文章的开头，其特点是开门见山地摆出问题，然后加以详细说明。这样一来，读者便能一眼就明了全文的大意。主题句具有较强的概括性，它概括了全文的中心思想，反映了作者写作意图。它是全文的核心所在，是作者思维的起点、扣题的准绳、阐述的对象，也是读者叩开阅读理解之门的钥匙，对确保文章主题突出有着举足轻重的作用。教师可以通过学生的主题句得知其对文章主题的把握情况，从而判定其写作前的准备工作是否充分。因此在英语写作过程中，学生应充分重视主题句，将主题思想准确而鲜明地表达出来。

4. 组织扩展句

扩展句是用来解释和支持主题句的句子。确定主题句之后，学生可以根据所列提纲，围绕主题进行发挥，收集与主题句密切相关的写作材料，为主题句服务，详细说明并支持主题句的思想。教师可检查学生有关主题的扩展，将与主题句无关的繁杂内容都舍弃。选择的材料最好来自我们的日常生活，因为它们真实且具说服力，学生也相对熟悉，易于把握。在组织扩展句的过程中，注意句子之间必须用连词或关系词来连接，段与段之间要用过渡词，以体现文章的逻辑性，它们是连接句与句或段与段之间的纽带，在行文中起承上启下的作用。同时，学生也要注意整个篇章的层次性，将最重要的先写，然后逐级递减。这样可以使文章自然、流畅，重点突出。

5. 撰写结论句

最后一部分由结论句构成。结论句通常与主题句一样包含全文的中心思想，它总结了全文，深化了主题，但所用的措辞与主题句不同，它是换一种说法，变换措辞。学生可简明扼要地总结前面所写的内容，重申主题，使文章结尾与开头相互照应。结尾部分能加深读者对整篇文章的理解，给读者留下更为深刻的印象。

6. 精修细正

文章写完后，花几分钟时间再认真通读一遍，修改明显的拼写错误以及一些语法错误，如时态、语态等。修改环节很重要，如果行文错误太多，会影响到写作成绩的评定。所以，学生不要写自己不明确或不会拼写的词，以确保句子的正确性，尽量避免语法结构错误。当然，不可能避免所有错误，所以尽量细心检查一遍也是非常必要的。这一过程虽不能针对立题、结构、修辞等方面进行全方面考虑，但对个别词汇、语法、拼写错误稍加改动也很有意义。在"过程法"教学中，教师往往不是学生作文的唯一回应者和评估人，作者的同学也参与其中。除学生自己修改外，还可以进行学生之间的互改互评。然后教师再进行批改、讲评。讲评的重点放在文章的结构与内容上。

（二）写作过程中的技巧

过程教学法强调教师对写作过程的指导。教师应将指导的重点放在写作过程上，这将有利于学生了解自己的写作过程，并懂得写一篇文章必须经历的几个步骤，如写作前准备、起草、初稿、修改或重写等，这有助于他们写作能力的提高。但写作水平的提高也有赖于学生对语言形式与写作技巧的掌握。写作与其他语言技能是一个整体，它的提高与其他语言技能的提高是一个相辅相成的关系。所以在一定程度上，不可否认成果教学法的可取之处。最近，西方写作教学研究出现了一种"回归结果"的倾向。因此，在写作教学过程中，教师对学生的语言知识、写作技能的培养同样不可忽视。

1. 遣词造句

指导学生的表达与书写具体落脚在指导遣词造句上。其实，写作部分重点考查学生的英语专业表达能力，而阅卷人员也较重视语言。写作技能包括了语言运用的准确性，也就是使用恰当、地道的词语以及正确的语法、拼写、标点等。学生最常犯的语言错误就是拼写与语法。语法的错误包括时态、主谓一致、名词单复数等。因此，学生应把主要精力放在语言上，尽量避免拼写、语法等错误。除做到语言最基础的基本功外，还需从词汇、句型等方面下功夫。

（1）词汇

根据不同的语境或上下文，学生需选择恰当的词语。在写作的时候，首先必须保证选词的正确性，然后根据所需表达的具体含义，选择最为恰当的单词。由于英语专业不像汉语那样喜欢重复，所以在考虑相同的意思时，同一词语在一篇文章中最好不要重复出现，而应考虑使用其他同义词或近义词替换，可以选择一些具有一定难度的单词进行替代。因为恰当地使用高难词汇有助于提高写作层次。例如我们发表观点时，可以使用"think"或"believe"，除此之外，更应该选择"assume，argue，reckon"等词。再如"主要的"多数情况下是用"main"，但更好的词汇是"chief，principal，major，leading，essential，primary"。等等。大多数学生在大多数情况下表达"重要的"的意思基本是用"important"，但如果学生能用其他的单词，比如"critical，vital，significant，crucial"等，效果就可能大不一样。当然，在选择同义词或近义词进行替换时，首要的条件是用词必须准确恰当，表达地道。同时，使用不同的词性也是丰富英语专业表达的重要途径。

（2）句型

在写作中，除了词汇可以丰富多彩外，学生还可以使用不同的句型结构。教师会经常发现学生的写作句式单一，变换不够灵活。学生在写作过程中受自身的知识和时间等方面的影响，在句式变化上未能深入地思考，以致行文呆板、不够灵活。在英语写作中，有很多的特殊句型都可以运用在写作中，成为文章的闪光点。例如，让学生多使用典型句式，适当运用成语和谚语，恰当使用一些平行、对比结构。

2. 结构衔接

在写作过程中，要使句子或段落之间的衔接紧密，需用一些关联词来连接，这样才能使文章自然、流畅。关联词可以连接段落或句子。段落是文章中最基本的单位，它表明了全文的结构层次。写作时一定要段落清楚，有开头、主体和结论三部分，故全文需分段撰写。而句子又是构成段落的基本单位。如何将它们有机地组合起来，这就需要使用过渡性的词语。根据关联词表示不同的逻辑关系进行选择。

3. 背诵名句

俗话说：熟读唐诗三百首，不会作诗也会吟。平时背诵一些常用搭配、习惯用法以及一些名篇名句，有利于提高英语写作水平。学生通过大量语言信息的输入，扩大了词汇量，熟练了句型，拓展了知识面，在写作需要时会自然而然地运用到背好的经典词汇与句型。背诵的目的在于灵活运用，所以学生背诵时需深刻理解所背内容的含义，并掌握其使用的环境。写作时将这些背诵的词汇与句型运用于写作中或进行仿写。这样，既能节省写作时间，又提高了写作层次。可以背诵蔡基刚教授编著的《大学英语专业写作常用句型》中的句型，在文章开头引出人们对要讨论的问题的不同看法，然后提出作者自己的不同看法。

二、大学英语写作教学改革

随着社交网络、电子游戏等互联网应用的日益普及，人类社会已经进入一个全新时代。采取有效措施和手段，积极推进大学英语教学改革势在必行。

（一）教学观念的更新和转变

众所周知，语用性语言能力分为听、说、读、写四大板块，听、读属于输入能力，说、写属于输出能力。而传统的教学方法更注重输入及听、读能力。不难看出，这种模式下培养出来的学生的说、写能力非常欠缺，让他们开口说英语是一件很困难的事，也就是人们所说的"哑巴英语"。为了改变这种现状，大学英语教师也做了很多的尝试和努力，但情况并不让人满意。原因可以归结为以下两点：一个是非英语环境。在汉语的环境里，学生没有说英语的语境。二是传统的教学模式和理念导致输入大于输出，这一点可能是长时间的因素造成的。学生刚开始接触英语大多是在小学，从小学开始，教师就重视输入能力，而忽视输出能力。因此解决问题的办法要从源头抓起，即从小学抓起，从根本上改变"哑巴英语"的产生。同时，教师也可在课堂上多创造让学生说的机会，比如安排一些情景剧、举行一些英文歌唱比赛等。总之，教师要鼓励学生先开口说，刚开始不必纠正学生说时所犯的语法、语音错误，因为对学生来讲，能够开口说就是一大挑战。

（二）创造更加真实的语言教学环境

作为大学英语教师，我们应该引进现代技术手段，改革英语教学模式。现代化的教学手段，可以吸引学生的注意力，能够提高教师的课堂教学效率。现代化的教学手段有很多种，如录像、录音、电视、电影、网络以及多媒体课件等。大学英语教师课堂上应该有效地利用这些现代化的教学手段，从而改变传统的一支粉笔、一张黑板的教学工具。同时为了师生更好地交流，还可以设立师生互动平台，提前为学生提供英语课文背景知识及英美文化介绍，等等。

（三）大学英语教师队伍建设

近年来很多高校都进行了大学英语教学改革，随之而来的就是教师的教学任务不断加重，另一个突出的问题就是师资力量短缺。同时出现的问题是现今大学英语教师的学历不能满足和适应现有的教学任务，教师的创新能力低、科研成果少。很多学校都有本科教师教本科学生的情况，面对这种情况，教师自己本身要有压力感，应努力提高自己的专业水平和素养，同时各高校要有一个提高教师学历的整体规划，加大财力物力的投入，支持和鼓励教师外出学习和培训。同时还可以采取在岗轮流培训的制度，培养大学英语教师成为自主学习型教师。

（四）课程计划的改革

所谓课程计划，是指在上学期期末或本学期期初要求每位教师就本学期所教授的内容列一个详细的计划，大致内容主要是每周教学进度和内容。

很多高校将课程计划列入教师考核的标准。当然课程计划可以促使教师有计划、有步骤地进行本学期所教内容的讲解，能够保障教学的顺利进行，但是大家也应该看到它的弊端。教学计划虽然规定了教学的进度和内容，但是在某种程度上却制约了教师教学的能动性和创造性。教师会沿着统一的教学步骤采用统一的教学风格把一学期应讲内容按部就班地讲解完，其教学效果可想而知，事实上，在统一的教学大纲的指导下，按专业设置来制定教学计划应该是一种比较理想的状态。只要不违反大学英语教学目标，可以给任课教师适当的自由，让他们根据自己的专业特色制定教学计划。

第六章　大学英语翻译教学理论研究

第一节　大学英语翻译教学理论

一、功能翻译理论

（一）功能翻译理论定义

功能翻译理论起源于 20 世纪 70 年代，其创始人是德国的凯瑟琳娜·莱斯（Katharina Reiss），以其 1971 年的《翻译批评的可能性与限制》一书的出版为标志，主要代表人物还有汉斯·弗米尔、克里斯蒂安·诺德和贾斯塔·赫兹·曼塔里。功能翻译理论为英汉互译研究开辟了一个新视角，为一些违反现有翻译标准但经实践检验十分成功的翻译策略提供了理论依据。功能翻译理论的主要思想表现在其应遵循的三个翻译原则上。

1. 翻译目的论原则

翻译目的理论是功能翻译理论的核心思想。功能翻译派认为，翻译一般是作为一项任务来完成的，翻译过程的发起者决定译文的交际目的，在理想状态下，他会给出需要译文的原因、译文接受者、使用译文的环境、译文应具有的功能以及与原因有关的细节等。在翻译过程中，译文的发起者了解翻译的目的，进而决定了翻译中要采用的策略。

2.连贯性原则和忠实性原则。

功能派认为，译文不可能完全独立于原文，它与原文之间总是存在一定的联系，这就是说，译文要连贯且忠实于原文。翻译是涉及原语文本的行为，而原语文本不可能只涉及原语的词汇和句法结构，因为文本的意义和功能并非语言符号能完全表达的。另外，翻译是通过信息加工提供给读者信息，译文就应该忠实于原文，而忠实的程度和形式则由译文目的与译者对原文的理解程度决定。

3.充分原则

充分原则是功能派在译文目的论的核心理论基础上，提出的评价译文的总原则。在功能理论框架中，充分性指译文与翻译说明相关的特性，即翻译要充分满足翻译说明的要求。在翻译功能理论中，充分是相对于特定目的的充分，即译文应充分满足翻译要求。

（二）功能翻译理论的突破点

功能翻译理论的突破点主要表现在以下四个方面：

1.功能翻译把翻译转向以译语接受者为中心

功能翻译理论实现了把翻译从源语文本为导向转向为以译语受者为导向。功能翻译理论认为原文只是提供信息，译者可以根据翻译的要求选择适当的翻译方法，要么忠实原文精神进行意译，要么忠实原文形式进行直译，要么根据目标语受众的要求进行增添、删减或改变，甚至在忠实原文的基础上进行一定的创作。总之功能翻译理论要求译文必须连贯流畅、自然。

2.功能翻译学者发展了 Nida 的动态对等

丰富的翻译经验使凯瑟琳娜·莱斯知道，真实情景中的对等是难以实现的，有时甚至是不必要的：目标语文本的功能与源语文本的不同，这促使研究者从关注译作与原作的对等转向关注译作本身，为翻译批评建立了新的动态模式。有些译文因为宗教、民族或商业的原因将之编辑成具有不同意识形态的版本。

3. 功能主义理论将翻译定义扩展成翻译行为

功能翻译学者注意到非语言因素是翻译研究中不可缺少的部分，并顺利完成了这一任务。这些非语言因素体现在译者要考虑客户的目标和文本接受者的期望。功能翻译学派的创新之处在于指出发起人的作用，发起人提供资金，因此，翻译目标常常由发起人决定，而非作者、接受者或译者。

4. 功能翻译理论提高了译者的地位

功能翻译理论提高了译者的地位，赋予译者威信。译者被视为跨文化交际的专家，而非从属于作者的机械的抄写员。译者应是受过严格训练的、富有经验的专家。由此可见，功能翻译学派极大地提高了译者的地位。

（三）功能翻译理论对英语翻译的启示

自从功能翻译理论被引入中国以来，它引起众多研究者的兴趣，在中国译学界产生了重大影响。在大学英语翻译教学中，教师在教学生按照条条框框进行翻译的同时，还要教学生符合譬如连贯、流畅、自然、通顺等标准。功能翻译理论为大学翻译教学中的翻译方法教学提供了充分的理论依据。在英语教学中，教师应该教学生学会翻译方法，在翻译文学类或非文学类语篇时学会适当进行调整，以实现译文预期功能为目的作出理性选择。

1. 逻辑推理法

语言是个因果网络，句子之间的关系是因果关系，任何一个句子都存在已知信息。在句子模糊不清的地方，译者可以先确定其先决条件是什么，运用逻辑推理方法求得未知信息，并符合逻辑地用目标语言表达。因此，在大学英语翻译教学中，教师可以引导学生运用逻辑推理法进行翻译。

2. 意译法

在功能等值的前提下，在消除语言上的差异的同时，没有保存言语上的特色应该视为意译。改译法也属于意译法。例如，译者在处理带有明显的中国特色而又是外国人难以理解的部分时需要采用改译法，翻译过程中要尽量多地传递原文的信息和内容，尽量少地表露出翻译的痕迹，要增强文章的可读性。同样，译者要改写在中文原文中大量使用的夸张表达和华丽辞藻。

例如，将"团结湖北京烤鸭店为全聚德挂炉烤鸭"译为："Tuanjiehu Beijing Roast Duck Restaurant uses only the finest Beijing Ducks"。因为文中的"全聚德""挂炉烤鸭"等不为外国客人所熟悉，逐字翻译，外国读者肯定不明白其中的意思。另外，中国人称富裕的地方为"鱼米之乡"，在翻译的时候如果用"a land of fish and rice"，外国客人肯定不知所云，但如果译成"a land flows with milk and honey"就非常明了，他们也能懂。所以适当地用意译法能更有效地实现原文的交际功能。

3. 删减法

英语翻译中的删减是指适度地缩减原文，使得译文变得简洁。一般来说，删减法主要包括删除一些重复的话语行话、术语、诗歌、高调的话语和华丽的辞藻。比如说，考虑到中国文化中的特殊的历史时期不会为国外读者所接受，在译文中译者对有关中国独特政治生活的文字可以做简略化处理等。还有对于文中的一点点比喻、拟人之类的修辞手法外国人也不容易读懂，因此，也应用删减法，使译文变得简洁、易理解。

例如，将"张家界山的形状千姿百态，有的似猛兽，有点像剑戟，有的像窈窕淑女，有的像关西大汉"译为"Various shapes can be discerned in its peaks-of animals, swords and humans"。文中像"窈窕淑女""关西大汉"这样的具中国文化的内容则直接用了 humans，易于让国外读者接受。

4. 增译法

英语翻译中的增译法是指根据英汉两种语言不同的思维方式、语言习惯和表达方式，在翻译时增添一些词、短句或句子，以便更准确地表达出原文所包含的意义。这种方式多半用在汉译英里。汉语无主句较多，而英语句子一般都要有主语，所以在翻译汉语无主句的时候，除了少数可用英语无主句、被动语态或"There… be"结构来翻译以外，一般都要根据语境补出主语，使句子完整。另外，有些时候增添一些解释性的词语，可以把意思更加完整明白地表达出来。

例如，"天上彩虹，人间长虹"是长虹电视机的广告，翻译为："Let the rainbow in the sky，Send his twin brother to you — keep your spirit high"。此译文在翻译时用了增译法，采用了修辞格，运用了拟人和比喻手法，把"长虹电视机"比作"天上彩虹"，并比作两兄弟，彩虹是世界上每一个人所期望看到的审美景观，通过"To keep your spirit high"的增补，极大地刺激译文接受者的好奇心，给人留下很深的印象，同时刺激购买欲望。

二、关联理论

（一）关联理论对翻译活动的指导意义

关联理论的提出者斯波博和威尔森在《关联性：交际与认知》一书中指出：言语交际的过程，实际上是在相同语境下"明示—推理"的过程，即说话人在其话语表达中设置"明示"刺激，而听话人根据所提供的"明示"刺激努力寻找关联，在相关认知语境下领会其信息意图和交际意图完成"推理"过程。

（二）关联理论视角下大学英语翻译教学的策略

关联理论视角下的大学英语翻译教学，必须打破传统词汇教学、语法教学的禁锢，拓宽学生的思路，明确学生在两轮"明示—推理"活动中的双重责任。大学英语教师，应提高学生的"解码"能力，使学生从更多的角度理解翻译行为。教师在大学英语翻译教学中，可从以下几个方面对学生的翻译实践活动加以引导。

1. 对语境的关注

在翻译活动中，学生需要自发自动地对原作者的明示进行推理，这一活动过程实际上是根据语境条件对目标话语的一种语用加工过程。而当交际对象、环境等语境因素不同时，同一编码意义的话语将会产生不同的关联性意义。关联理论的语境观，不仅包含静态因素，如周围环境、人物关系等，而且包含动态因素，如说话人的心理变化等，它能为译者提供较充分的翻译依据，也会对翻译结果造成直接的影响。

2. 对词义的关注

以威尔森为代表的认知语用学派提出，交际中词汇所传递的信息，未必是其自身编码含义。被词汇所编码的概念，在实际交际中可能被扩充或缩减以满足交际目的。英语中每一个词汇都具有某种特定语言属性，而由于语境不同，词汇经常超越其归属范畴产生新的含义。因此，所谓的交际词义，是指译者在语境中根据词汇的编码含义进行语用推理后产生的新含义。在大学英语翻译教学中较为常见的词性活用、双关都属于这一类型。因此，大学英语教师应在教学中着重指出词汇的显性意义和蕴含意义的关系，从而培养学生活学活用、随机应变的翻译技能。如某大学英语教材中有这样一段话："Life becomes enjoyable not just by handing in assignments on time and shivering on the edge of life." 句中 "shiver" 的显性意义为 "颤抖"，而在此句中，该解释并不符合原作者的表达意图。因此，译者需根据该词汇的显性意义合理推理其蕴含意义。根据对语境和该词汇编码含义的分析，译者可以发现本句中的隐喻（将人生看作泳池）并得出结论，"shiver" 应被译为 "犹豫不决" 或 "畏缩不前"。

3. 对文化的关注

语言是文化的载体，不同文化背景的语言间必然存在差距。因此，翻译过程也是两种不同文化互相转换的过程，一旦忽略了文化因素的影响，极有可能造成对原作者说话意图的理解产生偏差。如将谚语"Love me，love my dog"直译为中文"爱我就爱我的狗"，不符合目标语文化，容易引起误解。而根据关联理论，译者将其翻译为"爱屋及乌"，虽然语言的显性意义变化较大，但蕴含意义却与原作者意图更加契合。在大学英语翻译教学中，教师需要引导学生从不同的文化视角来进行推理活动，从而更好地表达原作者的交际意图。

三、释意理论

（一）什么是释意理论

释意理论以法国释意派理论创始人塞莱斯科维奇于1975年出版的论文《言语、语言和记忆——交传翻译的笔记研究》和勒代雷于1981年出版的《同声传译——理论与实践》作为标志，释意理论学派由此诞生。此后，释意理论在曲折中发展进步，逐渐被广泛应用于口笔译、应用文翻译、法律翻译、科技翻译、文学作品翻译中，话剧、电影剧本、字幕、广告等领域有时也会应用释意理论进行语言翻译。

勒代雷在1994年出版的《现代翻译——释意模式》一书中，对有关释意理论争议的核心问题作出介绍及分析，对释意理论在促进翻译理论及翻译实践的发展中所获成就作出充分肯定，是一部较为客观、全面的有关释意理论的综述作品，对释意理论翻译模式的发展产生了重大影响。和主流翻译学派不同，释意学派不单单关注语言方面的问题，更为关注的是译者在翻译中的地位以及作用，对译者在翻译过程中的思维过程较为重视。实际上，任何事物都是作为过程存在的，翻译也是如此。在翻译的过程中，译者始终都处于"语言—思维""思维—语言"的心智活动中，大脑一直保持在对作品原文的概念意义、形象意义以及逻辑关系进行分析梳理的状态下，同时在译入语当中寻找相应的词语和句式，以期对原文的意义作出准确的传递，这两种思维活动是双向的，也是循环往复的，一直到最终成形译文。从某种意义上来讲，翻译研究工作若是离开了对语言的分析，也就失去了研究的对象，若没有对翻译思维进行探讨，也就没有抓住翻译工作的本质；所以，要使翻译理论或技巧具有可操作性，就必须要对译者在翻译过程中的思维过程予以足够的关注。释意学派通常这样认为：翻译并非是从源语到目的语的单向解码过程，而是理解思想和重新表达思想的动态过程，是译者通过语言符号及自己的认知来对原文的意思作出自己的理解和解释，译者需要追求的是与原文意思或效果的对等，而并非语言单位的相同。释意理论较为注重对源语（source language）和译入语（target language）之间"意义对等"的建立，而非"词语对应"。意义对等和词语对应的区别主要就在于词语的对等在语言间建立，而意义的对等建立在篇章间，即建立在字词、音义段、固定的语法或表达式间。译者对于原文要遵守"做到字字了解，但无字字译出"的原则，译者需要忠于原文文字所组成的语意，而并非文字本身。译者的经验就是对释意理论核心思想的最好注解。释意派理论的翻译程序一般是：理解原文，然后脱离原语的语言外壳，最后通过译入语对已经理解了的原语内容及情感作出自己的表达。

（二）释意理论在大学英语翻译教学中的应用

1. 帮助学生通过语言符号和自我认知来解释原文意思

释意学派对于原文的理解一般认为是译者通过语言符号和自己的认知补充来对原文意思作出的一种解释；对言语的理解应主要包括对篇章意义、信息、作者想表达的意思和信息输出者对原文情感的理解与领悟。所以，在大学英语翻译教学的过程中，教师要引导学生对篇章的结构意义（包括词义、句型以及文章的文体风格）作出充分理解，把握作者的真实意图和情感，通过影视资料或文字材料帮助学生了解一定的文化背景知识，从而增强学生通过语言符号和自己的认知补充对原文意思的解释能力。例如小仲马在《茶花女》中对玛格丽特有这样一段经典描写：“Upon an oval of indescribable loveliness，place two dark eyes beneath brows so cleanly arched that they might have been painted on.”在翻译成汉语时就翻译成“在一张流露着难以描绘其风韵的鹅蛋脸上，嵌着两只乌黑的大眼睛，上面两道弯弯细长的眉毛，纯净得犹如人工画就的一般”。

从这里就可以看出，释意理论在英语翻译中的美化加工，译者经过对原文情感的理解和领悟，将原作者要表达出的语意、情感，通过自己的认知理解表达出来，同时加以释意理论的理解，而并非字字译出，给文章增添了更多的文学气息，忠于原著风格。再比如当学生阅读到一些著名人物传记等作品时，若直接阅读往往会有很多学生不知所措，这时就需要教师引导学生了解相关影视资料或文字材料等信息，来对当时的社会背景及历史时期进行初步的了解。例如在对 A Long Walk to Freedom（《曼德拉传》）进行阅读后翻译时，教师就可以通过播放相关电影或纪实视频，帮助学生了解一代黑人领袖曼德拉当时所处的社会背景，其所作出的卓越功绩等信息，让学生有情感上的认识，这样会比对单纯文字资料的了解程度更为深刻和具体。当然，其他人物传记等相关资料也是如此，通过使学生了解该人物所处的历史时期、社会背景、人生遭遇等信息，让学生对作品内容能有更生动的理解，从而更好地学习，达到教育目的。

2. 运用“释意”打破学生“词对词”的思维定式

塞莱斯科维奇提出“脱离语言外壳”概念：语言的语音、字词及句子开始逐渐淡化并消失，意义以意识的状态出现……“脱离语言外壳”使语意在源语和译入语之间适当转换，这是英语进行释意翻译的理想状态；然而在翻译实践中，大学生的“顽症”——逐字对译（word-for-word）翻译方式着实让教师头痛不已。究其原因就在于学生的思维在构成原语的“只字片语”上过于集中，把语言的意义看作字词单纯地组合拼凑，将翻译当作机械的拆词和拼词过程，从而忽略了语言的内在含义。他们并没有意识到正是语言的内在含义，即源语当中被理解后的情感与内容对译者在译入语当中的选词及表达形式上起到了决定作用。因此，教师要着重培养学生把关注的重点从"只字片语"上转移到整句、整段甚至整篇上面，从句子或篇章整体入手对语言的内在含义进行把握，而不总是纠结于对篇章语言只字片语的理解。

例如在一次日常练习时，当教师说到"a lucky dog"时，不少学生便闹出了笑话，单纯地逐字对译，直译成了"一只幸运的小狗"，几乎没有学生会联系文章的前后语句和语境，进而联想到"幸运儿"这一词语上。这正反映出了学生惯有的汉译英逐字对译的思维定式，这就需要教师在日常学习中培养学生结合语境分析语意的能力，变通僵硬思维，使学生的思维活跃起来，从而更好地服务于理解和翻译。在现实翻译实践中，不少学生不敢大胆尝试，只局限于对词语的理解，而不敢在语境中展开联想，这是当代大学生英语学习中的通病，对文章的翻译不懂得变通，致使在其面对大篇幅的文章和一些生僻的词语时不知从何着手进行翻译。这时就需要教师对学生给予多一些的鼓励，鼓励学生大胆联系，充分发挥联想能力，引导学生学会结合文章上下文内容及语境因素等其他相关条件，对文章作出深一步的理解。

3. 注重训练学生在翻译中思维的程序化

勒代雷指出：释意理论是有关"翻译程序的基本理论"。根据对释意理论的理解，可以将翻译过程分解成以下步骤：首先，学生对需要翻译的原文进行阅读并理解，根据自己对源语的语言知识和文化知识的了解，完成对原文文本要素（单词、词组、句子等）的分析与理解，有意识地作一些于文章原意无损的释意性变通；其次，引导学生通过联想和想象，比照他们在译入语的学习实践中已得到的、早已储存的相关知识与经验，确定译入语当中的哪些形式是能够被直接用来构建译文的，哪些则是需要经过变通才可以使用的；最后，按照译入语的行文习惯进行综合整理，从而产生译文。

简言之，就是根据释意理论在英语翻译教学中的程序化翻译训练过程，例如汉译英翻译程序可以用"Ca→Cb→Ea→Eb（其中C表示汉语，E表示英语）"表示出来，英译汉可以用"Ea→Eb→Ca→Cb"表示出来。这样的程序化翻译过程经实践表明，其可以有效减少对于原语的错误理解，提高译文的准确性。

释意理论的翻译程序一般分为三个步骤：一是理解原文，二是脱离源语语言形式，三是用译语表达出理解了的源语内容及情感。三个步骤有机结合，从而完成整个翻译行为。释意理论着重阐明翻译过程中所需遵循的这种思维过程，认为这一思维过程使得语际间的翻译成为可能。

第二节　大学英语翻译教学的特点和目标

一、大学英语翻译教学的特点

（一）大学英语教学大纲对翻译教学的要求

全国大学英语考试委员会从 1996 年 1 月的 CET–4 考试起，对其题型作了适当的调整与增加，其中一项就是增加了"英译汉"一题（从四篇阅读材料中挑出若干个句子，要求学生将之译成汉语）。这个考试题型就将"译"作为一种检测手段来考查学生的翻译能力，对考生提出了更高的要求。自此，翻译在大学英语教学和测试中开始占有一席之地。

事实上，"译"和教学中的"听、说、读、写"是密不可分的，甚至于应重视"译"的作用。具体表现为："听"，在多数情况下，学生听懂英语即是一种对英语进行"心译"的过程。学生每听到一个句子，都会条件反射般地将之译成汉语。"说"，很多学生在说英语之前是先想好汉语的。"读"，学生读的时候脑海里面浮现的是汉语的意思。"写"学生写英语文章之前，是先想好汉语文章的。这样的"听、说、读、写"也就是产生"Chinglish"的原因。"译"在学生学习英语的过程中并不是起着绝对积极有效的作用，很大程度上归因于学生在学习英语的过程中达不到用英语进行思维和分析的境界。要解决这一难题，就要正确理解"译"在大学英语学习中的作用，需要深入理解翻译教学在大学英语教学中的必要性的第二个方面：自身的现实生活及将来工作的需要。

（二）大学英语翻译教学的使命

历史需要更多的人来欣赏，社会促使我们更加努力创造。中国要走向世界，就要通过语言的媒介（翻译）将我们的文化传播开来，不同语言之间必然要有交融。英语和汉语，作为世界上最广泛和使用人数最多的语言，联系了中国和世界，让更多的中国人走向世界，让更多外面的人了解中国。

在大学英语教学中开设翻译课，可以让学生在进一步加强中国传统文化素养的同时，吸收西方的英语人文知识。威尔金斯在他的《二语教学》一书中指出："外语学习成功的标准不应是学生能背多少教过的句子、词组和生词，或知道多少语法规则，而是他们能用所学到的语言创造性地表达多少。翻译本身就是一种语言创造。"而英语教学工作者的使命就是把翻译这一语言创造活动普及开来。

二、大学英语翻译教学的目标

大学阶段的英语翻译教学目标分为三个等级，即基础目标、提高目标和发展目标。

（一）基础目标

基础目标是针对大多数非英语专业学生的英语学习基本需求确定的。具体如下：

能借助词典对题材熟悉、结构清晰、语言难度较低的文章进行英汉互译，译文基本准确，无重大的理解和语言表达错误，能有限地运用翻译技巧。

（二）提高目标

提高目标是针对入学时英语基础较好、英语需求较高的学生确定的。具体如下：

能摘译题材熟悉以及与所学专业或未来所从事工作岗位相关、语言难度一般的文献资料；能借助词典翻译体裁较为正式、题材熟悉的文章；理解正确，译文基本达意，语言表达清晰；能运用较常用的翻译技巧。

（三）发展目标

发展目标是根据学校人才培养计划的特殊需要以及部分学有余力学生的多元需求确定的。具体如下：

能翻译较为正式的议论性或不同话题的口头或书面材料，能借助词典翻译有一定深度的介绍中外国情或文化的文字资料，译文内容准确，基本无错译、漏译，文字基本通顺达意，语言表达错误较少；能借助词典翻译所学专业或所从事职业的文献资料，对原文理解准确，译文语言通顺，结构清晰，基本满足专业研究和业务工作的需要；能恰当地运用翻译技巧。

第三节　大学英语翻译教学现状分析

一、高校许多英语教师未能达到翻译教学的专业要求

国内英语四、六级考试中，翻译题的分值比例很小，且与其他语法、词汇

掌握的考查相比，明显比重偏小，这也导致了国内英语课程设置方面未能将翻译放到足够重视的位置。由于一直未能真正重视英语翻译，高校许多英语教师的实践能力、翻译理论素养及翻译教学水平也明显不能满足新时期英语翻译教学的需求。除此之外，国内高校近年来一直忙于扩招，使得高校学生不断增加，高校教师更多的是忙于授课，根本无暇顾及自身翻译水平能力的提升，也无暇顾及对英语教学方式的改革和优化。尤其是随着语法翻译教学被替代，以及交际教学地位的不断提升，英语课程的讲解更趋向于对学生阅读理解和听说能力的培养，更加压缩了英语翻译的生存空间。再加上课堂时间有限，教师对翻译的讲解往往仅限于课后几个可以拿来支撑场面的翻译练习题，而且往往只是一笔带过或是照本宣科，通常是浅尝辄止、稍作发挥，使得英语翻译教学形成一种可有可无的尴尬局面。

二、传统教学模式带来的束缚

传统翻译教学往往不以学生为主体，教师是学生翻译的仲裁者，学生往往将教师的参考译文看作神圣不可侵犯，对其不敢有任何的质疑和改动。这种古板的教学模式，显然束缚了学生对译语的创造力和表达的积极性。除此之外，当前外语界被广为接受的交际教学法，给英语翻译带来了新的误区：英语教学更崇尚盲目的单语化，甚至对翻译和母语形成一种完全排斥与否定的态度。在一些高校英语教学中，经常可见教师在课堂中采用全英式的教学，目的就是为学生创设一种所谓的英语氛围，以此来提高学生的听说能力。然而这种做法却没能将学生的实际情况很好地考虑到课堂中，而且实际的英语教学中教师的讲解也更多地局限于课本之内，不能真正给学生创设英语的交际氛围和环境，课堂中教师说出来的英语也并非全部规范，增加了学生理解的困难性。另外，由于高校英语教学以阅读理解和听力的训练、培养为主，教师在教学过程中不能系统地讲解一些翻译技巧、翻译常识。

从当前国内各高校所使用的英语教材来看，没有设置英语翻译技巧和方法以及翻译理论基础知识的讲解板块。当前精读教材在每个单元后也会设置几个相应的汉译英句子，但这些练习往往以巩固文中所讲的语法、词汇、句型、短句为目的。严格意义上来讲，这种"翻译"的练习，并不能真正达到翻译学习的目的，只能作为一种语法词汇的掌握实现综合练习。

另外，目前国内较为重视的英语四、六级考试，尤其是在1996年以前，其试题题型中完全没有涉及翻译这一检测标准，使得翻译教学直接被冷落到英语教学的最边缘地带。然而英语四、六级考试就如同我国英语教学的重要指挥棒，为改变客观题较多造成"高分低能"的这一现象，国家从1996年1月起对四、六级题型进行了改革，开始增设了英译汉的新题型。2005年6月英语四、六级考试开始了新一轮的试点，此次改革实行了710分制，同时在题型设置方面增加了汉译英的新题型。在2013年进行大学英语四、六级题型改革后，原单句汉译英调整为段落汉译英。翻译内容涉及中国的历史、文化、经济、社会发展等。从此次改革可以看出，翻译教学也在一步步贴近社会。

三、学生对英语国家文化背景了解不深入

语言是文化的产物和外现，无论是从社会观还是从语言的基本特点来看，语言都带着非常明显的文化特征。语言作为特殊文化背景下的特殊载体，只有在特定文化范围内才具有其本质的意义。语言和文化相互影响，相互作用。著名翻译理论家尤金·奈达曾说过："翻译是两种文化的交流。真正成功的翻译，熟悉两种文化比掌握两种语言还重要。因为词语只能在其相应的文化背景下才能体现出其真正的意义。"然而如果学生不能很好熟悉英语国家的文化，显然无法更精准地理解原语言包含的深刻内涵，甚至是习惯于用我国的思维模式来对英语进行分析和理解，这样一来，很容易导致翻译中出现常识性误译，一些错译、漏译现象也便不足为奇了。

第四节　大学英语翻译教学策略研究

一、改进大学英语翻译教学现状的策略

（一）从源头提升大学英语教师的翻译素养

当前高校很多英语教师的翻译水平还不能满足翻译教学的需求，因此教师首先必须从翻译理论技巧方面加强学习；同时在英语翻译中应不断地积极探索，形成自己独特的翻译教学理论，以此为学生的英语翻译学习做好榜样。和学生一起共同学习、共同进步。只有教师牢固地掌握了英语翻译的技巧和理论，才有可能为学生讲解得透彻明白。

（二）组织编撰新型教材

在条件允许的情况下，可以成立相应的研发小组，编撰相应专业以及能够适应当代大学生综合素质提升的英语翻译教材，编撰过程还必须充分考虑教材的难易程度，以及教材自身的系统性，教材必须与翻译理论基础知识、翻译技能训练相互融合。只有用有针对性的教材才能培养出适合当代社会发展需求的高素质人才，只有在有高度针对性的教材帮助下，大学生的翻译训练才能做到更加精细化、更具针对性，才能在翻译过程中充分发挥他们应有的优势。

如果条件不允许，也可以将已有的教材作为学习的基础，同时根据学校自身情况进行相应的改革，以此来满足英语翻译教学的基本需要。可喜的是，近年来，国内中小学外语教学的改革力度很大，同时也收到了很好的效果，这使

得大学新生的英语水平整体处于一个不错的阶段。一方面是大学新生英语水平的不断提高，一方面是与此成反比的大学四个学期的基础英语课程，这种反差很容易导致本来英语底子不错的大学新生，对英语学习失去了兴趣和动力。因此必须有针对性地对英语教材进行改革，以此来适应新时期英语教学的形势需求。

除此之外，改善传统的知识检查方式，增加翻译检测内容。教师可在平时的实际教学中增加英语翻译的基础训练，自行测试时也可增加翻译的数量，让学生最大限度地进行翻译练习，以此来有效提升学生对英语翻译的重视程度及其翻译水平。

（三）充分了解中西文化的语言文化背景差异

文化是翻译的基础，在翻译教学中，可通过对原文和译文的深入比较，来加深学生对英汉文化差异的了解。同时通过一些典型例句的学习，还可充分了解两种语言的文化渊源，从而在以后的翻译中能够从宏观上进行整体把握。这样一来，翻译实践过程中，就可以实现不但知其然，而且知其所以然。

然而翻译能力的培养是一个系统复杂的过程，除了国家相应对策的支持外，同时还需要教师充分地给学生营造相应的翻译语境，让学生认识到翻译的重要性；传授给学生翻译的技巧和方法，以此来满足当今社会对复合型人才的需求。

二、大学英语翻译教学方法探究

大学英语教师应根据我国的国情和所教学生的学情筛选出有利于学生翻译学习的教学方法，并把多种翻译教学方法灵活地运用于课堂上，切实提高学生的翻译水平。下面整理几种常用的翻译教学法。

（一）图式教学法

所谓图式教学法，就是运用图式理论，激活学生的背景知识，然后，在大脑中形成不同的模式。图式是一些知识的片段，是大脑对过去经验的积极组织，是学习者将储存的信息对新信息起作用的过程。也就是说，学习者如何将这些新信息融进原储存的知识库中就是图式的过程。如果面对的新信息在大脑中没有现存的类似图式，就会对所学知识的理解产生消极影响。

英语教师在教学过程中，要在传授新知识的同时，激活学生头脑中已经储存的知识结构，使新信息更容易被学生理解和吸收并融合到已有的图式中，从而能正确地理解所学的新知识。因此，我们将"图式"引入翻译教学方法的研究之中，利用背景知识去激活相应的内容或形式图式，以求得对原文的正确理解。教师有必要在练习之前介绍翻译目标语篇的体裁、句式结构以及语篇结构，尤其注意背景知识的提供。翻译时，如缺乏背景知识或不能恰当地运用背景知识，就不能成功地激活图式。只有这样，才能训练学生杜绝逐字死抠现象，养成把握宏篇全局的翻译习惯。教师也可以根据课堂需要给学生提供一些图式，这些图式只有被激活才能正确理解语言，然后根据这些材料进行翻译。

（二）推理教学法

推理教学法源于人类的基本思维形式，即由已知判断推出未知判断。推理教学法应用到教学过程中，主要指的是教师在教学中引导学生从已知现象推出未知现象或本质。

进行英语翻译时，有些文本需借助合理的推理才能更好地理解，涉及的思维活动包括分析、综合、演绎、归纳等。在看到文本内容后，教师要引导学生根据现有的知识和经验作出推理，把文本中的所有需要翻译的内容都联系起来，这样学生更容易充分理解每个句子。翻译时采用推理教学法可以增加信息的容量，把握事物之间的联系，促进对语言的理解。学生对某一语言的掌握，总要经过日积月累，从一些旧结论推出新结论，从而形成完整的知识框架。教师要在课堂中教授给学生一些推理的技巧和方法，可以从作者的暗示或者联系上下文进行推理，或者利用文本中的解释和定义对某些词句进行推理等，以使英文翻译能够顺利进行。

（三）猜词教学法

学生的概念能力是指一种洞察复杂环境程度的能力和减少这种复杂性的能力。具体地说，概念技能包括理解事物的相互关联性，从而找出关键影响因素的能力，确定和协调各方面关系的能力以及权衡不同方案优劣和内在风险的能力，等等。一些学生英语基础较差、词汇量不够，如果对关键词不理解，词句、段落就不能形成概念，这样很容易对内容进行胡乱猜测，所以要指导学生使用猜词策略。

翻译中的猜词策略主要有以下几种方式：（1）以定义为线索猜测词义。（2）以同义词、近义词为线索猜测词义。（3）以反义词和对比关系为线索猜测词义。（4）以列举的句子为线索猜测词义。（5）以重述为线索猜测词义。（6）以因果关系为线索猜测词义。（7）以生词所在的前后文提供的解释或说明为线索猜测词义。（8）根据普通常识、生活经验和逻辑推理推测生词词义。

（四）语境教学法

语境教学法就是通过创设具体的语言环境来导出或解释新的英语单词的一种教学方法。

运用情境教学法主要可从两个方面入手。

1.创设情境来呈现词汇

在英语教学中，我们也可以把情境理解为语境。在我国，学生缺少英语学习的语境，而英语水平的提高需要学生在一个轻松、自在的接近母语的环境中进行长期的练习，因而教师在教学中应做的就是尽可能地为学生提供这种接近母语的语境。

2. 通过阅读呈现词汇

词汇是阅读的基础，在听、说、读、写四种语言技能中，词汇与阅读的关系最密切。因此，高校英语教师应该教会学生在日常阅读中积累词汇，让学生在阅读英文时就像平时阅读中文那样，会不自觉地去学习一些新的词汇，比如非典，申奥等。此外还可以在欣赏内容、欣赏文字的同时，去培养一种语言的感觉，就像我们平时不怎么费脑子就脱口说出中文一样。

第七章　大学英语教学评价体系的建设

第一节　大学英语教学评价概述

一、教学评价的概念

要想了解教学评价，首先需要对评价有一个基本的了解。"评价"这一术语是由美国著名学者、教育家泰勒（Tayler）提出的。评价通常是指"对事物的价值高低的判断，包括对事物的质与量作的描述和在此基础上作出的价值判断"。评价是一种对客体满足主体需要程度的价值判断活动。

教育评价是"对教育活动满足社会与个体需要的程度作出判断的活动，是对教育活动现实的或潜在的价值作出判断，以期达到教育价值增值的过程"。这一评价活动具体包括学生、教师、课程、教学、教育内容、教育目标、教育制度、教育方法以及教育管理等方面的评价。

教学评价是指针对教学目标及原则的要求，对教学中的各种教学活动以及最终的教学成果进行价值判断的过程。

二、大学教学评价的功能

在教学过程中，教学评价发挥着重要功能，具体体现在以下几个方面：

（一）检查诊断功能

教学评价能够对教学过程进行有效的诊断，确定教师教学和学生学习中的问题，明确教学工作的进展和不足，检查学生的学习情况。根据检查诊断的结果，教师能够对教学工作进行有针对性的调整和改进，学生也能及时发现自己的问题和不足，进而积极改正。总之，教学评价对提高教师的教学质量和学生的学习质量都有着重要意义。

（二）展示激励功能

教学评价的过程为评价者提供了一个自我展示的平台和机会，而且所采用的有效的、积极的评价与反馈方式会成为有效的激励手段。通过教学评价，教师和学生都能从中获得大量有用的信息，进而更加积极地进行教学和学习。

（三）反思总结功能

教学评价注重师生的参与以及自我评价，在评价过程中，无论是教师还是学生都会产生一定程度的压力，这有助于教师和学生将压力变为动力，自觉内省和反思自己的教学与学习行为，分析得失，提高自我监控能力。可以说，教学评价的反思功能是促进教师和学生成长的重要手段，师生可以在自我评价、他人评价中不断反思和成长。

三、大学教学评价的特点

由于教学涉及多种因素，各种变量及相互关系使得教学过程变得更加复杂，因此为了认识其规律，在了解内涵、内容等方面的基础上，还需要了解其自身的特点。作为一种特殊的教学现象，教学评价也不例外。

具体而言，教学评价的特点主要有连续性、特定性、选择性、统一性、以学生为中心以及以教师为主导。

（一）连续性

教学评价并不是一次性的、间断的，它具有连续性。这是因为，为了检测教学内容、方法等是否有效，教师往往进行一次评价之后还会重复进行评价，有时候甚至是三四次评价，形成一个"反馈链"。通过对多次评价的结果进行总结，进而调整教学，必然会提升教师的教学水平与学生的学习效率。

（二）特定性

教学评价针对的是具体的教师、学生与教学内容，对一个班级适用的教学评价并不一定适用于其他的班级，对一种课程适用的教学评价并不一定适用于其他课程。这也就体现了教学评价具有特定性。因此，在进行教学评价时，应该根据课堂内容、学生特点、学生参与方式等客观条件进行设定。

（三）选择性

教学评价实际上是一个选择的过程，在评价的过程中要对优劣进行区分，优秀的层面要鼓励，劣势的层面要研究，并进行改进。这样的优劣评定就是一种选择。此外，在评价方式上，教学评价也具有选择性，要根据具体的情况、具体的学生特点进行选择，避免导致评价失误。

（四）统一性

在教学评价活动中，评价者与被评价者之间是统一的关系。首先，评价者与被评价者在目标上是统一的；其次，他们在教学活动过程中也是统一的。也就是说，不能将二者对立与区分开来，二者应该协同工作。

（五）以学生为中心

教学评价是通过教师和学生提供的反馈信息来观察学生的学习情况的，了解学生某段时间或者某一学期的学习水平，从而在下一阶段的教学和学习中进行改进，不断促进学生的进步。从教学评价的目的上来看，整个评价都是围绕学生来进行的，体现了以学生为中心。因此，以学生为中心也是教学评价的特点之一。

（六）以教师为主导

众所周知，教学评价是围绕学生进行的，评价的目的也是为了能够提高学生的学习效果，但是教学评价也离不开教师这一因素。这是因为，在教学评价中，教师具有很高的自主权，如确定评价内容、选择评价方式、处理反馈信息等，这些情况教师都可以自主决定。从很大程度上来讲，教学评价是在教师的指导和监督下进行的。

四、大学教学评价的分类

根据不同的分类标准，大学教学评价可分为不同类型。

（一）按照评价标准分类

按照评价标准，可以将教学评价分为相对性评价和绝对性评价。

1. 相对性评价

相对性评价是指在被评价对象的集合中选取一个或若干个个体为标准，然后把各个评价对象与标准进行比较，确定每个评价对象在集合中所处的相对位置。利用相对性评价，可以了解学生的总体表现和学生之间的差异，具有便于操作、便于比较和便于分析的特点。然而，相对性评价也有一定的不足，标准会随着群体的不同而发生变化，容易使评价标准偏离教学目标，使得相对性评价较难体现被评价者的进步和努力状况，从而易于刺激不正当的竞争和导致过分地重视分数的现象发生，不能充分反映教学上的优缺点，不能为改进教学提供相关依据。

2. 绝对性评价

绝对性评价是指在被评价对象的集合之外确定一个标准，这个标准被称为"客观标准"。"评价时把评价对象与客观标准进行比较，从而判断其优劣。评价标准一般是教学大纲以及由此确定的评判细则。"绝对性评价的标准比较客观。如果评价是准确的，那么评价之后每个被评价者都可以明确自己与客观标准的差距，从而可以激励被评价者积极、上进。然而，绝对性评价也有一定的不足。客观标准容易受评价者的原有经验和主观意愿的影响，使评价者很难做到客观。因此，在评价过程中，尽量减少评价者的主观性对评价活动的控制，最大限度地保证评价的结果公正、客观。

（二）按照评价功能分类

按照教学评价在教育活动中的功能作用，可以将教学评价分为诊断性评价、形成性评价和总结性评价。

1. 诊断性评价

诊断性评价也称"教学前评价"，是指在某项活动开始之前，为使计划更有效地实施而进行的评价。诊断性评价用于确定学生的入学准备程度，主要是确定学生的家庭背景、学生所掌握的知识和技能、学生的心理发展等方面的情况，用于辨识造成学生困难的原因，并对症下药；用于决定对学生的适当安排，根据在知识、技能、性格等方面的差异划分学生层次，进行分班分组，并且为学生提供合适的学习和生活环境。

2. 形成性评价

形成性评价是指在教学过程中，为了使教学更为完善或者引导教学前进而进行的对学生学习结果的确定。形成性评价能够及时地了解阶段教学的成果和学生学习的进展情况、存在的问题等，频繁地为教学提供反馈，及时调整和改进教学工作，帮助学生改进学习。

3. 总结性评价

总结性评价是指在教学活动告一段落的时候，为把握最终的活动成果而进行的评价。也就是说，总结性评价是在学完某门课程或某个重要部分后进行的旨在评价学生是否已经达到教学目标要求的概括水平较高的测试和成绩评定。总结性评价的首要目标是给学生评定成绩，为学生作证明或提供关于某个教学方案是否有效的证据。

（三）按照评价表达分类

按照评价表达，可以将教学评价分为定性评价和定量评价。

1. 定性评价

定性评价是对评价资料作"质"的分析，是运用分析和综合、比较和分类、归纳和演绎等逻辑分析的方法，对评价所获得的数据资料进行加工。"分析的结果是一种描述性材料，数量水平较低甚至没有数量化。"一般情况下，定性评价不仅用于对成果或产品的检验分析，更重视对过程和要素相互关系的动态分析。

2. 定量评价

定量评价则是从"量"的角度，运用统计分析、多元分析等数学方法，从复杂的评价数据中总结出规律性的结论。由于教学涉及人的因素、变量及其关系，一般比较复杂，为了提示数据的特征和规律性，定量评价的方向、范围必须由定性评价来规定。定性评价和定量评价密不可分，二者互为补充、相得益彰，进行评价的时候，需要综合二者进行全面的评价，不可片面强调一方面而忽视了另一方面。

五、大学教学评价的基本步骤

教学评价一般可以按照以下步骤展开：确立评价的指导思想、制定评价的指标体系、选择合适的评价技术和方法、实施评价。

（一）确立评价的指导思想

追求价值是人类活动的内在动力。教学评价是以事实判断为基础的价值判断，评价的价值定位决定了评价的方向。有效教学实际上是一种教学合理性的诉求，这种合理性就其内在结构来说是价值理性与工具理性的统一。

纵观国内外已有的关于有效教学评价的研究，在评价的导向上，也存在着一定的问题，主要表现为三个方面：

第一，以经济学中"投入产出"的观点简单类比教学活动。其典型的表述为"教学效率＝教学产出（效果）÷教学投入"。

第二，强调量化和可测性，忽略了质性评价。

第三，注重结果的有效性而忽略过程的有效性。

上述问题反映了以往有效教学评价系统的失衡，其重视工具理性，而忽略了价值理性。

教学的终极价值应该是学生的全面发展，是人的生命的提升。终极价值是以过程价值为基础的，过程价值是学生素质的累积和沉淀。具体来说，教学的过程价值体现在知识与技能、过程与方法、情感态度与价值观三个维度上。学生的最终发展程度取决于学生在这三个维度上的发展水平。

（二）制定评价的指标体系

教学评价指标体系是评价课堂教学的依据和尺度。建立科学可行的课堂教学评价指标体系，是提高课堂教学评价质量、增强评价有效性和可靠性的重要保证。

在制定教学评价标准和指标时，不仅要依据国家的教育方针、教学大纲的要求以及学生自身的特点，将教学评价的内容以不同的指标和评价标准体现出来，并根据各指标的重要性程度赋予一定的权重，形成评价的指标体系；还应考虑评价指标的灵活性，教师应能根据具体的教学内容和情境调整与修改评价标准，以确保评价指标和标准的可行性与可操作性。

（三）选择合适的评价技术和方法

在进行教学评价时，必须采用多样的评价方法，除考试或测试外，还要研究制定便于评价者普遍使用的科学而简便易行的评价办法。

评价方法要科学简便、灵活多样和富有实效。在选择评价的方法和技术上，既要看到定量分析的科学性和合理性，如运用教育测量和统计以及模糊数学的方法，可以对评价对象的特性用数值进行科学合理的描述和判断，又要看到定量评价的缺陷和不足。过于量化的评价会忽视隐藏于教育内部的教育规律性，如教育活动是十分复杂的，具有模糊性，存在许多难以量化的因素。

随着教育研究的深入，人们认识到对复杂的教育现象进行适当的定性分析比单纯的定量描述更能准确、恰当地反映实际情况。因此，评价不应是单纯的定量分析，应是定性分析和定量分析相结合。同时，还应将过程性评价与总结性评价相结合，以全面地反映教学情况和教学效果。

（四）实施评价

评价的实施一般可从以下几个方面入手：

第一，根据评价方案中的指标体系和方法来制定评价计划。

第二，运用一定的方法搜集评价所需要的相关信息。

第三，对搜集到的相关信息进行技术层次的处理，通过筛选和分析，与评价标准和指标体系进行比较，从而得出评价结论。

第四，反馈评价结论，让被评价者对自己目前的行为和效果有比较清醒的认识，了解影响自身行为和效果的各种有利与不利因素，根据评价者和相关专家提出的改进意见，使被评价者的后续行为发生特定的变化。

需要指出的一点是，为了提高反馈的有效性，评价者注意采用一些操作技巧，要根据被评价者的具体行为，明确指出他们"好"在哪里、"错"在哪里；在反馈评价结论时，使用描述性的语言，而不是判断性和评价性的语言；要使用合适的反馈途径，如面谈、书信、电话等，以加强与被评价者之间的了解和信任，使评价结论能够为被评价者接受。

第二节　大学英语教学评价的必要性

近些年来，高等教育全方位、全领域改革创新不断，由于受到以往教学模式的制约，评价体系仍在一定程度上存在着这样或那样的问题。大学英语的评价体系表现为过度关注学生在校期间的书面及学习成绩，而忽略全方位、科学合理地去发现、评价学生潜在的英语运用能力，忽视学生在整个学习生涯过程中发展的现实需求。本节从大学生英语教学评价体系的现状入手，分析目前大学英语教学评价体系的局限性，以说明开展大学生英语教学评价的必要性。

目前，对大学生英语的学习效果的评价还只停滞在对已经发生的阶段性教学结果进行评价层面，而缺乏对学生学习生涯整个过程中不同层面，例如社会、学校、企业、自身等方面的评价。随着高等院校不断地改革创新评价体系，大学生英语的评价体系也势必随之进行变革，且该评价体系将会对学生的综合素养的培养提出一个新的要求。在这样的基础上，我们在进行英语授课过程中就不能简单地对学生英语的学习情况进行评价，而是要运用一个科学的、系统的、合理的符合社会发展现状的评价体系来对学生进行评价，进而实现现代大学生英语水平进步、平衡发展的要求。

现在正在使用的英语教学效果评价方法只是教师对学生学习效果的评价，教师和教师之间通过听课等手段对彼此的教学效果进行评价，而这样的方式并不能够真实、客观地体现学生英语学习、英语技能掌握的效果，且用此方法所体现的也只是评价过程中落后的元素，并不能体现一个好的评价体系应有的前瞻性。创新设计的英语教学效果评价体系要在不同的层面细致入微地去设计各个评价主体层面，使评价内容科学合理完善。

一、英语教学过于依赖期末分数

多年来，大学生英语的教学评价指标大多是依赖期末考试成绩来判断学生学习的效果以及英语教师的教学成绩的。这印证了评价的弊端——重结果轻过程，而且是笔试的结果，这就造成了对大学生英语学习过程只是一个静态的分数评定，而不是对于学生英语掌握能力进行一个相对动态的评价，这对于大学生英语人才的培养具有一定的制约，体现不出发展的眼光、发展的内在潜力。

二、英语考试缺乏科学性

期末考试也没有将学生英语学习的评价重点放在学生学习的过程上，未能根据英语语言学习的特点，体现英语学习的灵活性。这种形式相对单一的考核方式，在不同程度上影响了学生在英语学习过程中的学习热情，教师在对学生评价的时候也只是局限在分数上，不能更好地掌握学生学习的具体状况。

三、英语考试形式单一

没有对学生英语口语掌握情况的评价过程，不能够从全方位考查学生英语语言交际的实际能力，这在一定程度上限制了学生学习英语的广度，对于那些表达能力比较强、思维较为活跃的学生就形成了不对等的评价，丧失语言功用目的评价。

四、英语考试的内容大多数都是重知识的掌握情况、轻能力

相对标准化的期末考试，对于学生学习英语的整体状况不能给出科学、客观的评价，太过局限。

五、英语学习效果的评价主体过于单一

在现有的英语学习效果评价体系中，大部分都是任课教师对学生的学习效果进行评价。而没有学生学习全过程或者学习过程中应接触的第三方对于学生英语学习情况的整体评价。例如自我评价、督导、学团系统、辅导员、用人单位、企业等。这会使学校在对学生的培养中目标模糊，没有一个正确的方向，当然也就不能够培养出具有一定英语技能的人才。如果在评价过程中，融入不同的层面进行评价，不但能够激励学生自我提升，提高学习积极性，也有利于大学生学习英语的良好风气的形成。

六、英语教学过程中应该遵循"实用为主、够用为度"的原则

这就要求在对大学生英语学习过程中，加入实训学时，并在评价过程中对于学生实际英语的运用情况给出一个科学合理的评价。

第三节　大学英语教学评价体系建设的原则

一、坚持英语教学评价的学生主导原则

学生的发展是英语教学的出发点和归宿，因而评价要突出以学生为主体的思想。在各类评价活动中，学生都应是积极的参与者与合作者；教师是教学的组织者、指挥者，要对学生的学习过程、活动以及学生身心发展状况及时作出评价，要适时地指导学生开展各种评价。

第一，对学生的学习评价要以学生的需要为依据。评价要反映他们的需要。

第二，学生是评价实施的主体之一。对学生的学习评价要在教师的指导和引导下使学生认识自我评价对学习能力发展的意义，学会自我评价、相互评价的方法。学生的自我评价、相互评价应成为形成性评价的重要组成部分。

第三，教师要在评价中发挥主导作用。在评价中其主导作用具体体现在指导学生学习方法及评价方法，引导学生反思及调控学习过程，引导学生发展。

总之，学生是学习的主体，评价应以学生综合语言运用能力发展为出发点，有益于学生认识自我，树立信心；有助于学生反思和调控自己的学习过程；有助于学生学会自我评价。在各类评价活动中，学生都应是积极的参与者和合作者。

英语教师要正确认识在教师英语评价中学生的主导地位，将培养学生的学习兴趣、学习态度、学习策略和文化意识作为英语教学评价的重要目标，在教学过程中，帮助学生学会自主学习，学会与他人合作，培养创新意识以及具备科学的价值观，是英语学科教学应承担的责任。对学生学习成效的评价应当是

对学生的学习过程和有效结果所进行的整体价值判断。令人遗憾的是，这种理念在我们以往的英语学习评价中未能得以体现。传统的教学评价，只重视反映学生的学习结果，忽视体现学生在学习过程中的发展与进步；评价过程中只重视老师的评价，而忽视学生的自我评价和合作评价；只重视评价和测试的甄别与选拔功能，忽视为学生成长发展服务的功能；只重视对语言知识和语言能力的考查，忽视对学生情感、文化意识以及综合素质的考查；测试中重视答案的公平性、客观性、唯一性，忽视学生的选择性和创造性以及答案的开放性与多样性。为了有效地发挥评价机制在整个教学过程中的正面导向作用，有必要建立一个科学的、有效的评价体系。对学生英语学习的评价实质上是对学生学习的有效结果和发展潜能所进行的价值判断。既然是对学生的学习进行评价，无疑评价的主体应包括学生和老师，既要体现出老师在评价中的指导作用，又要体现出学生自我认识、自主发展的过程。这种新的评价体系应该正确反映英语学习的本质和过程，满足学生发展的需要。为了达到这一目标，唯有重视形成性评价，充分发挥其积极作用，促进新的评价体系的形成。

要发挥大学英语教学评价中学生自我评价的作用。自我评价使学生能再次审视自己的作品，并作出相应的改进，而相互评价最容易被学生看重，因为当他们看到自己的同伴不能理解自己的文章内容时，他们下次会加倍努力把自己的思想和作品内容更清楚地展现在同伴面前。随着时间的推移，我们能看到学生成了学习的主人，他们不是为完成家庭作业而写作，而是为读者和自己写作。教师可以通过学生的作品了解学生，而学生也可以从写作档案的每一篇文章里看到自己的进步。他们的自信心得到了加强、自尊心得到了满足，对写作的兴趣日趋浓厚，写作的技巧获得了较大提高，同时也培养了他们的合作精神。

二、英语教学评价中坚持过程与结果并重原则

（一）形成性评价对学生发展的作用

形成性评价是教学的重要组成部分和推动因素。形成性评价的任务是对学生日常学习过程中的表现、所取得的成绩以及所反映出的情感、态度、策略等方面的发展作出评价。其目的是激励学生学习，帮助学生有效调控自己的学习过程，使学生获得成就感，增强自信心，培养合作精神。形成性评价有利于学生从被动接受评价转变成为评价的主体和积极参与者。在英语教学评价中，应采用形成性评价与终结性评价相结合的方式，既关注结果，又关注过程，使对学习过程和学习结果的评价达到和谐统一。终结性评价便于横向比较，能较准确判断评价对象是否达到了某种标准，但不利于纵向比较，即不易反映评价对象的活动过程和今后发展潜力，不利于调控；形成性评价有利于纵向比较，便于对发展趋势作出分析和判断，更好地调控、指导，利于激发评价对象的进取精神，但它却费时费力，同时不便于横向比较。只有把两种评价结合起来，发挥各自的优点，才能使教学评价发挥更大的效用。

（二）重视学生综合语言能力的考查

英语教学评价既要了解过去、诊断目前，也要预测未来。因此，评价既要了解学生的教育背景和语言基础，也要关注学生在学习过程中的行为表现，以及对他们在学习过程中所表现出的发展潜能进行连续、全面、综合性的评价。终结性评价要注重考查学生综合运用语言的能力。终结性评价（例如期末考试和结业考试等）是检测学生综合语言运用能力发展程度的重要途径，也是反映教学效果、学校办学质量的重要指标之一。此外，为了促进大学生综合语言运用能力的提升，大学英语教师需要在教学过程中不断地通过学生的态度、注意力集中与否和学生的反应估计教学的进展情况，判断是否要临时中断或重新讲

授等，清楚了解学生对于综合运用能力的提升情况。例如，教师在精读课上进行随堂测试，如果有一半以上的学生不及格，这说明教师的授课存在问题，或者内容讲得过多，或者方法不当，或者内容太难。教师在分析出原因之后在下一节课上课时要避免此类问题，从而彰显教学评价的作用。在实际英语教学过程中，可以采用互动性策略来提升大学生的综合语言能力，在合作学习的课堂中有着重要体现，学生在课堂交互中进行评价，教师可以事先设计表格，然后让学生互相打分，这种方法有利于学生之间互相了解。借助学生之间在语言方面的相互交流沟通，可以训练学生的综合语言应用能力，从根本上提升学生的英语应用能力。

终结性评价必须以考查学生综合语言运用能力为目标，学段课程终结性评价可采用期末考试或结业考试等定量评价的方式，也可以采取项目报告、小论文、表演或演示等形式。力争科学、全面地考查学生在经过一段时间的学习后所具有的语言水平。考试应包括口试、听力考试和笔试等形式，以全面考查学生综合语言运用能力。口语测试应着重检测学生的表达与沟通能力和交际的有效性。听力测试在学期、学年考试和结业考试中所占比例应不少于20%。听力测试应着重检测学生理解和获取信息的能力，不应把脱离语境的单纯辨音题或语法知识题作为考试内容。笔试也应避免单纯语音知识题和单纯语法知识题；增加具有语境的应用型试题的比例；适当减少客观题，增加有助于学生思维表达的主观题。不得公布学生考试成绩，也不得按考试成绩排列名次。

形成性评价主要评价学生在学习过程中使用所学知识进行学习活动的情况，包括表现出的兴趣、态度、参与活动程度、思考力及创造力等，它能反映学生的进步情况。终结性评价是对特定时间内教学成效的检验，如单元、学期、学年考试等。新课程改革背景下的学生评价不仅要评价学生记住、理解了多少知识，更要评价学生如何获得知识和应用知识，包括学生在学习知识的过程中使用了什么学习方法，采取了何种思维策略，在头脑中发生了什么样的思考过程等。建立学生学习档案袋是实施形成性评价的有效形式，它可以展示学生在努力学习后所取得的进步和成效，同时学生也可以思考他们学到了什么和是如何学习的，通过反思和与同学交流，使他们意识到自己的进步和不足，增强信心，明确努力方向。在新学期开始时，教师向学生讲明档案袋的目的、意义和要求，并向他们展示样品。教师要求学生的学习档案应包括以下内容：入学考试情况记录，英语学习兴趣调查表，英语学习策略调查表，每次测试后试卷分析表，英语学习自我评价表等，每周最满意的作业或作品，课外阅读报告，期初、期中、期末自己的英语录音带，英语活动行为记录，教师、家长、同学及自己的评价意见。

三、坚持兼顾全面性与独特性原则

（一）全面性原则分析

在教学评价中，同时要重视评价标准的全面性和评价对象的独特性。所谓评价标准的全面性，是指在教学评价中，要全面考虑教学、学习活动中的各种因素，不应过分地强调某一因素，否则会导致系统失去平衡。具体地讲，英语教学评价就应围绕培养学生综合语言运用能力这个核心，对学生学习过程中的语言知识、语言技能、学习策略、情感态度以及文化意识等方面尽可能进行全面的评价。全面性原则在大学英语教学评价过程中还体现在：学生评价要紧跟教育目标，全面地反映教育目标。评价作为促进学生英语水平发展的工具，应贯穿学生学习活动的全过程。教师应充分利用形成性评价和终结性评价的不同功能，在学生学习英语的各环节进行各种不同的评价。

（二）独特性原则分析

所谓独特性就是在评价中要考虑学生的差异，照顾学生的特殊需要。

1. 根据学生年龄特征，采取适当的评价方式

低年级以形成性评价为主，以学生平时参与各种教学活动的表现和合作能力为主要依据。期末或学年评价应通过对学生学习行为的观察与学生交流等方式，考查学生用英语做事情的能力。高年级的期末或学年考试可采用口笔结合的方式。口试要考查学生实际运用语言的能力，考查内容要贴近学生的生活。笔试主要考查学生听和读的技能，形式应尽量生动活泼，可采用等级制或达标的方法记录成绩，不用百分制。在其他各年级的评价中也应考虑学生的年龄特征。

2. 关心学生的特殊需要，评价应具有多样性和可选择性

在平时的形成性评价中，应允许学生根据自己的学习风格、自己的特长或优势选择适合自己的评价方式；对学力较弱的学生，如果学生对自己某次课堂测验成绩不满意，可以与教师协商，暂不记录成绩，学生经过更充分的准备之后，可再次参加评价，并记录他们感到满意的成绩。此外，因为学生的语言水平、个性、教育背景和语言基础等各不相同，所以教师在评价过程中，对不同学生的评价的目标也应该有所不同。应发扬民主态度，通过师生合作或同伴合作，针对不同学生，对其学习态度与表现给出积极的评价，让不同的学生都看到自己的成就，进而提高他们的学习自信心。

（三）两者兼顾原则分析

随着教育教学改革的蓬勃发展，出现了各种各样的英语教学评价方法，不同的教学评价方法、技术都有各自的优势和不足。为了保证教学评价的准确性和全面性，我们必须把各种不同的评价方法进行必要的综合、改造和创新。例如，在英语教学评价实施过程中，要注意到评价模式的多样性与综合性相结合，要强调模糊与精确相结合、日常观察和系统测验相结合、他评与自评相结合，等等。新大纲要求教师备课要备教材、备教法、备学生，备学生即是对学生的知识基础、学习能力、学习风格、对本学科的态度等进行全面的分析，作出客

观的评价。只有对学生情况了如指掌才能统揽全局，科学施教，因此教师必须经常深入班级，了解学生对教学的意见，及时收集反馈信息，不断调整教学方法。要通过各种途径了解学生的兴趣爱好、性格特征、智力差异，为学生的个性发展及因材施教提供依据，把每个班的学生根据其学习情况、性格特点、学习习惯等分成几个小组，每个小组选出两名组长，教师只要定期与这些组长联系，就能及时了解学生的学习情况与思想动态。教师既要从静态了解学生，又要从动态了解学生，及时了解学生在每个方面的变化与进步，还要从情绪方面了解学生的变化，关注学生心理健康情况。尤其对于差生要多加关注，差生是学生的弱势群体，比较自卑，学习缺乏动力，厌学情绪严重，遇事容易走极端。对于差生，英语教师更要多鼓励，其有进步要及时表扬，使之不断体验到进步的喜悦，增强他们前进的动力。

四、坚持评价指导结合的原则

（一）评价原则分析

评价与指导相结合是指按一定的原则、标准对评价对象已完成的行为作出肯定或否定的判定，同时应把评价结果上升到一定的理论高度加以认识，并根据评价对象的主客观条件，从实际出发，指导评价对象改进教学或学习，把握今后的发展方向，使评价对象能够发扬优点、克服缺点，以取得更大的进步。在英语教学中，评价的内容较广泛，原则上评价什么内容，就应对其中存在的问题进行分析和指导，否则评价工作就会失去意义和价值。因此，我们要重视评价结果对学生学习及教师教学的反馈作用，重视评价后的指导。只有从评价到指导，从指导到评价，往返无穷，才能有效地促进学生的发展。

（二）指导原则分析

借助大学英语的四级与六级考试评价系统，发挥大学英语教学评价的指导性原则，之所以要使用大学英语等级考试作为英语教学评价系统的一个组成部分，是因为如今的大学英语等级考试已经从原来的单一测评教学结果逐步转变为对教学全过程的整体监控和评价，从原来的以考核学生词汇记忆、句法语法、阅读理解为主转变为以评价学生的听说能力及英语综合应用能力为主。这样的转变目的只有一个，即让大学生的英语听、说、读、写、译各个方面的能力全面发展，进而提高大学生的英语综合应用能力。同时，适当地对大学生英语等级考试的成绩作出评价，树立学习榜样，激发并提高大学生的学习积极性和荣誉感，可以使学生在英语学习中获得更好的成绩。在大学英语教学工作中教育评价的作用是显而易见和举足轻重的，合理有效地运用教育评价就会充分发挥教育评价在英语课堂教学中的强大功能，帮助大学英语教学工作有序、高效地开展，使大学教学工作更上一层楼。

大学教师在英语教学评价中应全方位了解学生自身的长处，不断提升对于大学生的肯定以及认可，从而使师生之间的关系更加融洽，进而增加大学生对英语口语学习的信心，发挥英语教学评价的指导性作用，通过课后制作音频以及视频的英语教学评价方法，增加了解学生的渠道，使教师更加全面地了解学生。在某实验班有个学生对课堂对话从来不准备，被提问时完全享用 partner 的成果，即照着 partner 的准备内容现场读，即使如此，读得也非常差。教师对该学生的印象很不好。但在一次视频作业中，她艰难地用英语陈述出自己英语基础很差，从初中学英语开始就很少及格过，现在非常苦恼，苦于英语成绩难以提高，甚至在完成对话任务过程中，都没有人愿意做她的 partner，在小组活动中，大家也是勉强接受她，但她也明白自己拖了大家的后腿，因此，不仅苦恼自己的英语水平，更是苦恼自己影响了小组的成绩。当任课教师了解这一情况后，就不再苛责该学生没有努力，而是从情感角度出发，更多地对她进行鼓励，同时对她的要求也适当放宽。这样一来，该名学生学习英语反而更加努力了。

（三）评价与指导结合原则分析

在英语教学评价过程中，要制定科学化的英语教学评价标准，实现评价原则以及指导原则的有机结合。"千里之行，始于足下"，要做好课堂教学评价研究工作，首先要从细节做起，从最基础的工作做起。因此，英语教师应根据学生的表现与自己多年的工作经验，制定出合理的英语教学评价标准，充分体现评价与指导的相互融合。

第一，制定教师对课堂教学自我评价标准，主要评价内容如下：（1）学生是否对所学内容充满兴趣？是否越来越爱上英语课？（2）学生在学习英语过程中是否有成就感？是否从中感受到成功的快乐？（3）教学目标的制定是否明确、适当？是否关注每个学生的发展？（4）教学内容设计是否关注学生的经验？满足学生多样化发展的需求？（5）教学准备是否充分？教学重点、难点是否得到充分的关注？（6）教学活动是否有助于目标实现？（7）教学效果是否能够满足教学目标的需要？（8）学生是否能在困难面前不退缩、失败面前不气馁？（9）是否建立起和谐、民主、平等的师生关系？（10）教学评价是否有助于培养学生的自信心？是否有助于激励学生积极主动地学习英语？

第二，设计确定教师对学生课堂学习行为的指导评价标准，主要内容为：（1）课前准备是否充分？课上是否遵守纪律？（2）课上是否积极思考、积极参与课堂教学活动、积极回答问题、提出有创意的想法和问题？（3）在教学各环节中是否有进步表现？（4）是否乐于帮助别人，善于与他人合作学习，共同提高？（5）是否能够较好地完成学习任务，独立完成老师的作业？

第三，英语教师应引导学生自觉地进行正确的自我评价。包括对学习态度的评价、对学习习惯的评价、对学习方法的评价、对合作学习能力的评价、对学习效果的评价。

第四，要注重英语教学课内以及课外相结合的教学评价。英语学习要靠英语知识的积累与坚持不懈的练习与实践，而要做到这一点只靠课内的学习是不够的，还要坚持课外的学习和实践。因此，英语教师只有对学生课内和课外的英语学习情况进行综合性指导与评价，才会使评价更全面、准确。

为了提升英语教学的评价效果，应该高度重视教学评价的指导性原则以及评价性原则。形成性英语教学评价全方位的内容、多样化的方法使得它对学生的评价也较为准确和客观，可以充分发挥教学评价的指导性原则与评价性原则。在学习过程中使学生变被动的、强迫的学习为主动的、有兴趣的学习，变死记硬背的学习为轻松愉快的学习。学生不仅在英语课堂上积极参与、思维活跃，在课后也乐于与老师、同学用英语交谈。学生自主学习能力得到提高，英语学习途径得到拓宽。英语教学不仅仅是传授学生们英语知识，更重要的是培养他们的学习能力，使学生具有终身教育的能力。开展形成性评价，让学生自主安排学习活动、学习时间，使学生进行有目的的学习，有步骤地提高学生自主学习的意识和自主学习的能力。形成性评价是多途径的，要求从各方面对学生的英语能力进行客观评价。教师开展多形式教学活动，也使学生自觉不自觉地拓宽了他们学习英语的途径。

五、坚持教学评价的科学性与可行性原则

（一）科学性原则分析

科学性是指教学评价从制定方案、建立标准到搜集、处理和分析有关信息作出判断，都要以科学的态度，采用现代先进的评价工具和方法来进行。比如，对学生英语学习的评价内容不仅包括语言知识、语言技能和实际交际能力，还应当包括学生在学习过程中所表现出来的情感、态度、价值观和发展潜能等。评价应包括测试性评价和非测试性评价。测试中的听力、口试、笔试所占的比例要合理。英语课堂教学是教师组织和引导学生开展有效学习英语的过程，是师生主动、生生互动共同实现英语教学双主体共同发展目标的过程，"评教"

是建立促进教师不断提高教学水平的评价体系，强调英语教学设计与实施贴近学生实际，因学生而动，因情境而变，注重教师对自己英语教学行为的反思与改进，以确保大面积、可持续性地提高英语教学质量。"评学"是建立评价学生学习状态、过程和学习效果的评价体系，以具体评价一堂英语课的教学效果。英语课堂教学评价从"评学"的角度看，强调学生同客观世界、他人、自身的对话，以此促进教师实现课程理念，不断改进英语教学。体现英语课堂教学评价的开放性原则，英语教学具有极其丰富的内涵，学科、学生、教师、教学条件等诸方面的不同，使课堂教学状况千变万化，课堂教学评价指标体系的确定，既要体现课堂教学的一般特征，又要为不同教学条件下的课堂教学留有可变通的余地，并兼顾不同发展阶段教师的成长历程，提倡教学创新，鼓励个性化教学和教学风格的形成。评价要重视受评教师和学生的积极参与，体现价值多元，尊重差异。

（二）可行性原则分析

要考虑客观实际条件，不应把评价程序、方法和标准弄得很复杂。因为评价过程过于复杂，就会使参与评价的人无法按要求操作而随便应付，甚至使评价人产生厌烦情绪，即使评价方案、方法等都很科学，但得不到很好的执行也不能取得好的效果，甚至失去评价的意义。因此，在制定评价方案和进行评价时，不仅要强调科学性，也应注意可行性。操作可行性是实施评价的前提。英语课堂教学评价指标体系要符合当前课堂教学改革的实际和课程改革的主流，评价标准是期望的目标，但又必须在目前条件下能够达成，以利于发挥评价的改进与激励功能，评价指标及其标准必须是可观察、可感受、可测量的，便于评价者进行判断，评价办法要注重质性评价和综合判断，力求简单，易于操作。

（三）科学性与可行性结合原则分析

"情感过滤假设"认为，学习者接触的可理解输入量以及他们的情感因素对语言习得同样产生重要影响，情感最终影响语言习得的效果。当一个外语学习者有较强的动机时，充分自信而且焦虑程度较低时就容易学好外语。因此，在高职高专外语教学评价过程中，教师对学生的评价应以帮助和鼓励学生为出发点，激发学生学习外语的动机，帮助学生树立成功的信心，通过反馈信息，促进学生更好地发展其语言能力，实现英语教学评价的科学性以及可行性。

此外，为了实现大学英语教学评价的科学性与可行性，可以在实际教学评价过程中应用多元智力评价方法。美国哈佛大学发展心理学家霍华德·加德纳（Howard Gardner）于1983年在《智力的结构》一书中提出多元智力理论（Multiple Intelligences Theory）。多元智力理论针对传统的智力理论提出了严峻的挑战，在美国教育界甚至全世界引起强烈的反响。加德纳认为"智力作为一种生物心理潜能，是在特定的文化背景或社会中解决问题或制造产品的能力"。智力是多元的，人类普遍存在的智力有八种，即言语—语言智力（Verbal-Linguistic Intelligence）、逻辑—数理智力（Logical-Mathematical Intelligence）、视觉—空间智力（Visual-spatial Intelligence）、身体—动觉智力（Bodily-Kinesthetic Intelligence）、音乐智力（Musical Intelligence）、人际交往智力（Interpersonal Intelligence）、内省智力（Interpersonal Intelligence）和自然环境智力（Natural-Environmental Intelligence）。多元智力理论打破了传统的将智力仅局限于言语—语言智力和逻辑—数理智力的观点，而认为智力的本质就是多元的。正常人都或多或少地拥有这些智力，只是各种智力发挥程度不同或各种智力之间的组合不同。

言语—语言智力（Verbal-Linguistic Intelligence）指听、说、读、写的能力，表现为个人能够顺利高效地理解和使用语言描述事件、表达思想。加德纳认为，言语—语言智力发达的人对词义非常敏感，能够熟练地使用词语。他们能通过听、说、读、写有效地进行交流和沟通，擅长辩论，喜欢利用语言语义做文字游戏、绕口令或是双关语。并且他们喜欢阅读、写作和善于运用语言表达自己。

这种智力在记者、编辑、作家、演说家和政治领袖等人的身上有比较突出的表现。

逻辑—数理智力包括数学和思维方面的能力，具体指运算和推理的能力，主要表现为个人对事物间各种关系，如对比、因果和逻辑等关系的敏感以及通过逻辑推理和数学运算等进行抽象思维的能力。加德纳认为，逻辑—数理能力强的人擅长推理，思考问题时注重因果分析，喜欢提出假设，寻求理论或数学模式，较为理性化。这种智力在侦探、律师、工程师、物理学家、天文学家和数学家身上有比较突出的表现。

视觉—空间智力是指感受、辨别、记忆、改变和表达物体空间关系并以此表达情感和思想的能力，表现为对线条、形状、结构、色彩和空间关系的敏感，以及通过平面图形和立体造型将它们表现出来的能力。这种智力在画家、雕刻家、建筑师、航海家、博物学家和飞行员以及机械师等身上有比较突出的表现。

身体—动觉智力是指运用四肢和躯干的能力，表现为个体能较好地控制自己的身体，对事件能够作出恰当的身体反应，善于利用身体语言表达自己的情感和思想。身体—动觉智力发达的人动作灵敏熟练，动手能力强，比较爱好体能运动，触觉也更为灵敏。这种智力在运动员、舞蹈家、外科医生、赛车手和发明家身上有比较突出的表现。

音乐智力是指对于节奏和旋律的感受、辨别、欣赏、记忆、改变、创作和表达音乐的能力，表现为个体对音乐，包括节奏、音调、音色和旋律的敏感，以及通过作曲、演奏和歌唱等表达音乐的能力。这种智力在歌唱家、作曲家、演奏家、音乐指挥家、乐器制造者和乐器调音师身上有比较突出的表现。

人际交往智力是指与人相处和交往的能力，表现为觉察、体验他人情绪、情感和意图并据此作出适宜反应的能力。人际交往智力发达的人常常能从他人的角度和立场思考、理解问题，善于组织和协调工作，有较强的领导能力。这种智力在教师、推销员、公关人员、谈话节目主持人、心理咨询专家、组织管理者和政治家等人身上有比较突出的表现。

内省智力是指自我认知、自我反省的能力。表现为个人能够正确意识到和评价自己的情绪、动机、欲望、个性和意志等，并在正确的自我意识和自我评价的基础上形成自尊、自律和自制等品质。这种智力在哲学家、小说家、心理学家、律师等人身上有比较突出的表现。

自然环境智力是指认识动植物和其他自然环境的能力，总体上包括对于社会的探索和对自然的探索两方面。这方面能力发达的人在打猎、耕作等实践中表现突出，在生物科学等研究中也表现突出。

后来加德纳又将存在智力增加为第九种智力。该智力是指思考并陈述有关生、死和终极世界的倾向性。例如人为何要到地球上来，在人类出现之前，地球是怎样的，在其他的星球上生命是怎样的，动物之间是否能相互理解，等等。

在多元智力评价理论指导下，可以在一定程度上体现大学英语教学的科学性以及可行性。多元智力理论把智力结构看成是多元的和开放的，个体的各种智力的发展以及发展程度受到自然环境、社会环境以及教育的影响和制约，每个人拥有不同的优势智力和弱势智力。教育应致力于培养学生的各种智力，鼓励个人充分发展强项智力，同时促进其弱势智力领域也尽可能地发展。因此，学生的学业评价不应仅仅是一次考试和成绩，教育质量的高低也不能仅取决于考试和成绩。就英语教学而言，教育评价必须尊重学生的个体差异，考虑到学生各项智力发展的不平衡性，发挥其智力优势，并且调动学生自主学习和合作学习的潜能。多元智力理论为大学英语教学评价提供了理论基础，主要表现为更能体现教学评价的本质、评价内容更为宽广、评价方式灵活有效。传统的外语口语教学评价只关注学生的言语—语言智力，这一智力相对弱的学生往往感到自卑，对英语学习失去兴趣，丧失信心，甚至放弃学习。多元智力理论关注学生不同智力类型的发展，在鼓励其优势智力发展的同时，也促进其弱势智力尽可能发展。采用新型的大学英语教学评价方法，为学生设定小组活动拍摄任务，对于身体—动觉智力、人际交往智力相对强势的学生来说，拥有了展示的舞台，他们可以通过自己的身体表现能力、团队合作能力弥补言语—语言智力的相对弱势，从而获取高分评价，重拾英语学习的兴趣和信心，促进语言学习尽可能的发展。评价的最终目的是服务于人，促进其发展。

传统的评价受泰勒模式的影响，以预定目标为中心设计、组织和实施评价，目的是为了甄别"好""坏"学生，以选拔"人才"。加德纳认为评价应达成两个目标：一是向个体提供反馈，另一个是为其所在的集体提供有用资料。评价的目的不在于其本身，而在于尽可能地发展学生的各种智力。评价有责任向学生提供反馈，使其认识到自己的优势和弱势，从而为继续学习提供参考和建议。在音像档案袋评价过程中，学生保存自己的录音、录像文件，不仅回顾了自己的表现，同时向教师和同学展示，三方都给出反馈意见，有利于学生清楚认识到自己的优势和不足。加德纳将智力定义为"作为一种生物心理潜能，是在特定的文化背景或社会中解决问题或制造产品的能力"，因此，在特定情境中解决问题的能力才应该是评价的对象。新型大学英语教学评价中的音像档案袋评价制作过程就创设了这样的情境，尽管学生在拍摄之前有所准备，但是拍摄的几分钟内临场应变能力（同时体现出学生的英语基础和学习情况）仍然得以展示。

六、实时反馈教学质量原则

将互联网信息技术引入教学评价当中后，学生可在"评教"平台中对教师课堂教学表现进行评价，同时与多种移动终端连接，使用起来方便快捷。学生可每天一评、每节课一评，教师在接收云端数据统计后进行分析，可有针对性地对这节课进行微调。针对学生认为讲得不明白的知识点，教师可根据人数统计，选择单独讲授或集体讲授，以解决学生的难题。教师也可以记录学生接受教学后的质性描述，进行长期数据跟踪，有利于教师对学生进行全面的评价。

七、深挖学生需求原则

将互联网信息技术引入教师评价当中，使得教学中的师生互动不再流于形式，学生可利用互联网随心所欲地与学习伙伴、授课教师进行沟通，实现学生主体地位的最大化。教师可通过学生在云端反映的问题与内容，深入挖掘学生对哪门课、哪个章节、哪个知识点还没掌握，或想要更深入了解哪个知识点。通过对数据的计算和系统的分析，教师就可以更好地激发学生的学习动机与求知欲，为满足不同类型学生的学习需求，设计不同程度、不同种类的学习内容，对学生产生良好的学习效果。

八、实现家长深度参与课堂原则

在信息技术支持下，深度实现家长参与课堂指日可待。教师可以通过手机应用将学生在课堂的表现推送出去，家长便可轻易地与任课教师交流学生的学习情况。在"互联网＋信息技术"的支持下，教师可将教学视频上传到云端上公共的班级空间，家长可进行评价。此外，不少教师通过直播的方式为让无法到校的学生通过网络进行学习，家长也可以通过这种方式实时与孩子共同学习。

九、教学评价工具经济化原则

信息技术下的评价工具改变了传统纸质评价工具的弊端。纸质的评价工具虽显得更正式，但一旦将它印刷出来后就不能循环使用，导致大量资源的浪费。在将纸质评价工具发送至评价主体手中及收回的过程中，又会消耗大量的时间和精力。这种非绿色环保的方式不值得在现代社会提倡。相反，在云端网络进行的教学评价就凸显了自己的优越性，它既节能环保、易于操作，又不浪费评价主体过多的时间进行评价，且它能跨越时间与空间的壁垒。

十、教学评价统计数据化原则

定量的、纸质化的教学评价虽方便易行、易于统计，但就统计的烦琐程度而言，远远不如云端统计方便。目前的教学评价采用的是定量的形式，对教学评价的细节缺少质性描述，从这个角度来看，定性评价比定量评价更为科学。

目前，国外的高科技公司已经开发出了新型的质性统计程序，若能将此类信息科技引入我国的教学评价中，必然会引起传统教学评价的信息化变革。云端的数据统计可以长久地保留，弥补了纸质材料保存会出现的种种问题。这些数据是相对真实可靠的第一手资料，对于后续的比较与跟踪研究将发挥非常重要的作用。质性教学评价能更为全面、直观地反映教学过程中教师和学生的行为与结果，将成为未来教育评价的主流形式。

十一、多元化原则

有效教学的评价应当坚持多元化原则。多元化原则可以从以下三个方面来理解。

（一）评价主体多元化

传统的教学评价通常是由教育管理者来完成的，学生甚至教师往往处于评价活动之外。在信息技术背景下，无论是对教师教学的评价，还是对学生学习的评价，都应该让教师和学生参与其中。评价主体的多元化包括学生的自我评价、教师对学生的评价、学生互评和网络系统的评价。

关于学生的自我评价，主要是看学生进行自我评价的态度和评价的及时性。教师对学生的评价分为可量化内容和激励性内容两部分：其中，课堂表现、第二课堂活动表现、随堂测试、单元测试是可以量化的，对学生的口头评价、书面评语等则主要涉及学生的情感态度、学习策略等，起到的是警醒、建议或激励的作用。对于学生互评，首先教师要制定出评价标准，严格控制，规范操作，避免流于形式。网络系统的评价具有客观性、高效性的优点。教师必须熟练掌握网络教学管理平台的操作，事先设定好系统评价的内容和权重。

（二）评价内容多元化

评价内容的多元化包括对学生智力因素的评价和非智力因素的评价。

对智力因素的评价内容主要包括英语知识、英语应用能力和跨文化交际能力。对非智力因素的评价内容主要包括情感态度、学习策略和意志品格。

以往的教学评价片面注重对学生学习效果的评价，特别是对其英语知识掌握程度的评价，忽视对其英语应用能力、跨文化交际能力的评价，更忽视对学生的情感态度、学习策略和意志品格的评价。

（三）评价形式多元化

评价内容的多元化必然要求评价形式的多元化。形成性评价可以采取随堂测试、单元测试和计算机辅助的口语测试、听力测试以及第二课堂英语竞赛、英语演出等方式，对学生进行英语知识掌握、应用能力、跨文化交际能力的评价。

电子档案式自我评价可以采取教师口头、书面评语和教师对学生的阶段性建议等形式评价学生的情感态度、学习策略和意志品格。对于学生的非智力性因素的评价也可以采用定性的方法纳入量化范围。

终结性评价一般通过期中和期末两次考试进行，评价过程中主要注意的问题是考试内容的设计要体现对学生基础知识和综合应用能力的全面考核。

第四节　大学英语教学评价体系建设的方法

大学英语教学评价方法的建设实施应该有效结合大学英语教学的实际情况，科学确立英语教学评价思想、教学目的以及教学方式，改进大学英语学习过程，提高学生的学习效果。

首先，制定计划。计划的制定能保证和促进形成性评价实施的连续性与完整性，防止教师半途而废，把握学生具体学习情况和各阶段的侧重点，安排课堂教学要科学合理。教学的初始阶段应侧重于学生学习兴趣、态度及学习习惯的培养；第二阶段应侧重于学生学习能力、沟通能力、合作精神、持之以恒的毅力培养；第三阶段应侧重于学生英语语感和文化素养的培养。在各个阶段实施形成性评价的同时，教师要给学生建立英语学习个人档案，了解学生在不同时期的英语学习的过程和结果。形成性评价结果在学生总评成绩中占 30%。

其次，确定评价内容。通过考查、测试、观察、谈话、评比、竞赛、学习心得、学生自评、学生互评等方法，评价学生的学习兴趣、学习态度、学习能力、参与程度、合作精神、书面作业、口头表达等，建立相应的个人档案。

最后，终结性评价及期末总评。大学生在期中和期末实施两次终结性评价。终结性评价具有检查、考核、导向等作用，使学习结果得到足够的重视。不能因为实施形成性评价，而忽视终结性评价，形成性评价能促使终结性评价取得更好的效果。终结性评价的导向作用引导学生全面发展。同时，要注意与形成性评价在内容上和形式上联系起来。素质教育不是否定考试分数，而是更强调知识掌握和运用能力的提高。期末总评时，形成性评价占总评的 30%，终结性评价占总评的 70%，共同组成学生的个人学期总评成绩。

根据教学构成的基本要素理论，可以从学习者、课程教师、教师和技术四个维度建立大学英语教学评价体系。

一、基于学生学习维度

英语教学评价是对学生整个学习过程进行评价，它重视从学生的日常表现中提取信息。学生不仅是评价的对象，也是评价的主体，是主动参与者。教师应积极引导和鼓励学生参加评价活动。学生通过自评，不断自省和反思。形成有效的和符合个性特点的学习策略，最终成为学习的主人。通过学生之间的互评取长补短，培养他们的团队精神和合作意识，学生是学习的主体，评价应以学生的综合语言运用能力发展为出发点。评价应有益于学生认识自我，树立自信；应有助于学生反思和调控自己的学习过程，从而促进综合语言运用能力的不断发展。教师应使学生认识到自我评价对于学习能力发展的意义，使其学会自我评价的方法，并在学习中积极、有效地加以运用，不断提高学习的自主性。在各类评价活动中，学生都应是积极的参与者和合作者。因此，应充分重视学生在形成性评价中的作用。

（一）以综合大学英语形成性评价为标准

所谓综合形成性评价，就是在对学生作出评价时，对他们在学习过程中所表现的情感、态度和学习策略，掌握基础知识、基本技能和运用英语的能力，以及表现出的发展潜能等，进行全面综合性的评价。进行综合形成性评价，有助于改变英语教学中一切围绕考分转，为考而教、为考而学，片面地以考分衡量学生的弊端。注重学生的学习发展过程，突出对学生英语语言学习的激励作用。要允许学生犯错误，从某种意义上来讲，学生在学习语言的过程中，犯错越多，进步越快。要允许学生存在差异，不要让学生感到压力。教学活动的设计要适合学生的不同水平，层次要分明，方式应多样化，使不同能力的学生都能比较容易地获得成功。在学生完成学习任务的过程中，教师不能充当"检查官"的角色，要给学生以认识和改正自己错误的机会，要帮助学生消除顾虑，要耐心倾听并理解学生的不连贯甚至不达意的、不成熟的英语表达，就像母亲倾听婴儿的咿呀学语一样，才能使学生敢于张口，要让学生尝到成功的喜悦。教师可以尝试对学生的书面作业、口头问答、演讲、朗诵等课内外学习行为和学生的学习能力、学习态度、参与程度、合作精神等作出评价，可以建立每个学生平时的学习档案，使学生在学习过程中能够积极、主动。

大学生应该以评价主体身份参与到大学英语形成性评价当中，作为大学英语教学评价改革的重点课题进行改革。大学生评价可以具体采取以下几种形式：

1. 学生自评

教师应当在英语教学过程中有计划地培养学生进行自我反思的能力。教师有必要逐步培育和构建学生的有效评价行为，如及时采集个人表现的信息，记录自己的学习过程，学会进行自我监控，学会描述自己的学习行为等。

2. 学生两人互评

两人互评是一种常见的自主评价形式，以可能在所有的两人一组的活动之中和之后进行。

3. 大学生小组互评

小组内部的合作评价是课堂形成性评价的难点。学生在课堂上是不太善于进行合作评价的，因此教师应当有计划地培养学生良好的合作评价行为，这需要一定的时间，需要教师在每节课上引导学生自主管理小组活动，自主实施小组评价任务，自主积累评价信息和实证材料，而所有这些"自主"都需要在教师的有计划的行为中进行训练。

4. 大学生群体合作评价

全班参与合作评价，因参与的人员增多而变得难度加大，但这样的评价对学生合作能力的培养则更有意义。教师在进行全班合作评价时应进行周密的规划，应准备更加完备的评价工具，应提供更为详细的具体指导，同时，还应做好组织工作。此类评价活动实际上与教学活动是一体的，评价活动本身就包含着教学内容。

（二）具备诊断性英语教学评价

大学英语课程教学应面向全体学生，大学的英语教学评价也应面向大多数学生，力求为每个学生的充分发展创造条件，为大学生的终身学习打下基础。英语日益成为我国对外开放和与各国交往的重要工具，学习和掌握一门外语是对 21 世纪公民的基本要求之一。因此语言学习的成功，不在于"跃过龙门"的学生有多少，而在于实际运用语言的效果有多好。这种已有或将要达到的"效果"，很难采用表象的阶段性的测评方式作出准确评价。因此，不能仅以考试成绩来对学生作出表象性评价，还应对于学生平时的学习过程、每一学段的深层次情况及内在潜能等作出全面的诊断性评价。大学英语教学评价的诊断性评价为因材施教提供了依据，使大学英语课堂、英语教材以及英语教学方法更加高效，使学生的英语基础取得个性化发展。

（三）从听、说、读、写四个方面进行大学英语教学评价

目前的大学英语教学普遍存在"费时较多，收效较差"的现象，考查也大部分只考查学生笔头的能力，往往用考试题来替代语言练习。而语言或学习语言的目的是为了交际。因此，考试形式要包括听力测试、笔试和口试。听力测试在考试中所占比例应不少于 20%，听力测试着重检测学生理解和获取信息的能力，不能把脱离语境的单纯的辨音题作为考试内容。增加具有语境的应用型试题，增加主观题的比例，任何偏颇的训练或评价，都无助于也无法反映学生实际运用英语的能力。

大学英语教学评价期间，应对学生整个学习过程的听、说、读、写四个方面实施科学化的教学评价，它重视从学生的日常表现中提取信息。学生不仅是大学英语教学评价的对象，也是评价的主体，是主动参与者。大学教师应积极引导和鼓励学生参加评价活动。大学生通过自评，不断自省和反思，形成有效的和符合个性特点的学习策略，最终成为学习的主人。通过学生之间的互评取长补短，培养他们的团队精神和合作意识。学生是大学英语学习的主体，评价应以学生的综合语言运用能力发展为出发点。评价应有益于学生认识自我，树立自信；应有助于学生反思和调控自己的学习过程，从而促进综合语言运用能

力的不断发展。教师应使学生认识到自我评价对学习能力发展的意义，使其学会自我评价的方法，并在学习中积极、有效地加以运用，不断提高学习的自主性。在大学英语教学的各类评价活动中，大学生都应是积极的参与者和合作者，应促使学生提高参与课堂学习的积极性，使学生动脑动手能力得到加强，但学生在评价过程中，应时刻与教师沟通，了解评价的目的、方法以及评价的手段。学会评价方式，理解评价技能，以便在评价过程中熟练使用。学生应全身心投入到学习中来，认真做好每一个评价环节，分析优势与不足，提高学业成绩，充分重视学生听说读写自我评价在大学英语教学评价中的作用。

（四）采取多种大学英语教学评价方法进行教学评价

以往的大多数大学英语评价以分数说了算，以一次成败论"英雄"，严重挫伤了学生学习的积极性。大学英语评价方式可由教师对学生进行评价，也可以由学生实施交互评价或学生自我评价，可采用宽松、开放式的描述性评价方式，有益于树立学生的自信心，培养学生的学习能力，激发他们成功的欲望，形成继续学习、争取进步的动力。总之，对学生的评价应坚持形成性评价和终结性评价并重的原则，既关注结果，又关注过程，既有诊断性评价，又有互动性全方位的综合性评价。这样才能促使学生形成健全的人格，为他们的可持续发展打下良好的基础，有利于更好地实施素质教育，全面提高英语教学质量。

在英语教学评价过程中，可以采用任务型教学方式进行教学评价。任务型语言教学是指一种以任务为核心单位计划、组织语言教学的途径。任何一种教学方法的提出、确立都是以促进教学目标的实现为宗旨的。对于如何促进目标的实现，新方法都会有一套新主张，并要对其的合理性、有效性从理论上进行解释。任务型教学是促进第二语言习得的教学途径，并且成为大学课程实施中达成课程目标的教学模式。正如任务型教学的倡导者大卫·纽南（David Nunan，1991）所说："就概念而言，任务型教学受双重影响，这种影响既来自主流教育的发展，也来自我们有关语言的本质和语言学习本质认识的概念的变化。"任务型语言教学（TBLT）的研究兴于 20 世纪 80 年代。布拉夫（Prabhu）在印度南部的班加罗尔（Bangal.re）将当时看来比较激进的任务型教学理论假设付诸于教学实践。他认为："当学生们的注意力集中在任务而不是他们正在使用的语言上时，他们的学习会更有效率。"任务型语言教学模式正是从交际法的试验开始的。该试验中提出了许多任务类型，并把学习内容设计成各种交际任务，让学生通过完成任务进行学习。布拉夫的这些实验可以看作把任务作为课堂设计单元的第一次尝试，引起了语言教学界的关注。众多语言学家纷纷投入此项研究，他们都把任务作为研究的中心元素。多年来，随着教育改革的深入和教育观念的更新，这一教学理论逐步被世界各地英语教育工作者接受和认可，并得到很大发展。20 世纪 90 年代编写的不少英语教材都采用了任务型语言教学的理念和方法。英语教学法专家对任务型语言教学的使用情况进行了广泛的调查和研究，并积极指导和培训英语教师如何正确运用这种教学方法。还有学者在谈到任务型教学法的发展和变化时，指出："在以任务为基础的学习过程中，任务是用来让学生练习、使用他们正在学的知识。在以任务为基础的学习过程中，任务是中心环节，学生通过使用语言，体会意义来学习语言。"进入 21 世纪后，这种"用语言做事"的教学理论逐渐引入我国中英语课堂教学中。任务型语言教学的理论基于语言习得的研究成果，反映了人类学习语言的基本特征。"它的理论依据来自许多方面，如心理学、社会语言学、语言习得理论和课程理论等。"

英语教学评价中的任务型语言教学所追求的正是语言习得所需要的理想状态，即大量的语言输入与输出、语言的真实使用。任务型语言教学也可以最大限度地激发学习者的内在学习动机。在语言的使用方面，采用各种各样的任务，可以使学生有机会综合运用他们所学的语言。在交流中，学生把注意力集中在语言所表达的意义上，以运用语言和完成任务为最终目标，从而减轻了他们的心理压力。在完成任务的过程中，学生可学会调控自己的学习目标，调整自己的学习行为，逐渐产生自主学习的意识。学生通过完成任务，在真实或模拟真实的情境中创造性地综合运用他们所学的语言知识，发展他们的语言能力。无论从任务型语言教学的教学目标，还是从教学模式来看，任务型语言教学因为综合了传统教学法和交际教学法的优势，因此在理论上具有极大的吸引力。开展任务型语言教学研究，能丰富和发展外语教学理论。现阶段，任务型教学伴随新课程已进入了我国的大学英语课堂，成为课堂教学的中心，英语课堂教学采用的主要是任务型教学形式，英语课堂评价的主要任务即是评价任务型教学的运用和实施。因此了解任务型教学形式的开端和发展历史，以及它的理论主张，对英语教学评价的研究具有较强的指导作用以及理论基础意义。

另外，学习者维度的评价还包括两个方面的内容：一是学习者在现实世界中的外语综合运用的能力，二是学习者在网络虚拟世界中的外语综合运用能力。

学习者在现实世界和在网络虚拟世界中的外语综合运用能力是有区别的，这着重体现在语言技能方面。在现实世界中，这一能力主要体现为听和说的能力，而在网络虚拟世界中则主要表现为读和写的能力。因此，在语言知识方面，两者的评价指标也会各有侧重。文化意识是外语课程的间接目标，在网络虚拟世界中，由于网络淡化了国与国的界限，文化的冲突与交融更加明显，文化意识的重要性将得到加强。在网络外语教学中，情感态度和学习策略两方面的重要性也将得到加强。情感态度中的合作精神、祖国意识、国际视野，学习策略中的资源策略和调控策略，在网络外语学习中将得到更多运用。因此，网络虚拟世界的外语综合运用能力评价指标体系中，这些层面也将有更为具体的体现。

此外，有学者指出，在评价学习者的网络学习效果时，不能忽略对学习者网络学习综合能力的评价。学习者网络学习综合能力包括四个方面的内容：

第一，学生网络学习能力的评价。如网络的浏览、信息的发布和查找、参与网络讨论等。

第二，学生对网络学习态度的评价。如该学生基本上能按教师预定的课程学习计划完成学习任务，该学生愿意与其他学习伙伴相互交流，该学生在网络教学模式下能自我管理、自主学习，等等。

第三，学生参与交流与协作学习能力的评价。如学生在答疑中经常向教师提问，学生能积极与其他学习伙伴合作完成课题，学生能及时回答教师的提问，等等。

第四，学生网络资源利用能力的评价。如学生曾在系统平台发布有价值的资源，学生经常在资料库中查询资料，学生能有效地选择各种资源进行学习，等等。

实际上，以上四项综合能力可以归入情感态度和学习策略的范畴。学生对网络学习的态度的评价和学生参与交流与协作学习能力的评价两项内容属于情感态度层面，而学生网络学习能力的评价和学生网络资源利用能力的评价则可以归入学习策略的范畴。

二、基于课程维度

（一）大学英语教学理念评价

理念是课程价值取向的思想基础。根据英语课程的性质，课程标准遵循以学生发展为本的教育理念，把学生身心健康的发展作为课程的出发点和归宿。围绕理念课程标准提出的六个基本观点，体现了现代课程观，体现了现代英语教学研究的最新理论和成果。这六个基本观点的基本内涵分别如下：

第一，英语课程要创造一种适合所有学生的教育。英语教育谋求的结果是学生综合运用英语的能力和通过英语学习使学生在情感、素养与学习能力等方面得到发展。

第二，现实生活中的语言学习和运用总是以语言技能、语言知识、情感态度、学习策略和文化意识为基础课程标准吸收现代语言教育的理念，循序渐进地整体把握各学段的教学目标，体现了基础阶段英语课程的整体性和开放性。

第三，体现出学生的主体性，关注个体差异性，从而让每一个学生都可以有所进步。与此同时，开发个性潜能，使每个学生能发现自己的闪光点，以获得成就感，个性才能得到充分发挥。

第四，倡导构建式的学习。努力实现学生的主动参与，感知体验、探究发现、交流合作的学习方式，从而使学生可以调整好学习英语的策略与情感。

第五，确定正确的评价观。有效实现科学化的评价主体多元化评价、评价项目多元化以及评价形式多元化。以形成性评价为主。终结性的教学评价应该更加重视学生综合语言技能以及语言应用能力的检测。在英语教学评价过程中，应有助于促进英语教师教学策略的调整以及学生学习策略的科学化调整，从根本上提升英语教师的实际教学水平以及学生的实际学习效率，促进学生综合语言应用能力的有效形成以及学生人格的健康发展，实现英语课程教学的日益完善。

第六，课程资源要丰富、健康，贴近学生实际，具有生活气息和时代感。教学资源多样化、现代化，为学生拓展学习和运用英语的环境和渠道；发挥学生的主体作用，激励他们积极参与课程的开发和利用。课程标准所倡导的这些基本理念，对教师的教学思想、教学技能等都提出了挑战，教师只有使自己与课程标准保持一致，才能有效地实施教学。

第七，采用小班化英语教学与评价管理方法。进入 21 世纪，新一轮基础教育课程改革的核心是"一切为了学生发展"。无论从多元智能理论的"全员观"，还是美国政府颁布的《不让一个儿童掉队法》，都在一定程度上提醒从事基础教育的教师要首先树立这样一个观念：相信每个学生都能获得成功。基础阶段教育的任务，在于帮助学生找到并提供成功的支撑，让每个学生都能获得成就感，从而最大限度地挖掘他们的优势智力能源。英语，作为一门语言学科，实行"小班化教学"，而且男女比例适当，尤显优势。国外的小班化教学值得我们借鉴。

自 20 世纪 80 年代，美国开始在全国范围内提高学生学业成绩、减少班级规模、降低师生比。经过多年的研究，美国几大项目均不同程度地证实缩小班级规模可以提高学生成绩，13 ～ 17 人的小班优于 22 ～ 26 人的常规班。首先从教师方面来说，国内大班化教学直接导致他们的时间和精力分配有限。从教学经验来说，老师只有更多时间去了解学生，才能更好地指导学生、教育学生。新课改形成性评价要求老师多观察每一个学生、关注每一个个体，然而面对庞大的班级，让老师如何利用多一点的时间去密切接触每一位学生，观察学生，了解学生和关爱学生？所以笔者认为，小班化教学可以为老师减负，在一定程度保证孩子们享受优质教育。其次站在学生的角度来说，按照《英语学科课程标准》的要求，小班化教学，无疑能让每个学生在英语课堂内外都能得到更多的参与活动和表现的机会，有利于每个学生充分施展丰富的个性和情感；同时也能获得老师更多时间的个别指导和关怀，便于老师及早发现每个人的优势智力，创新能力并尽早加以培养。更何况英语学科要保证人人听、说、读、写、练的机会，非小班化不可有其长效。最后结合国情，笔者肯定小班化教学的可行性。英语小班化教学，必将会改变主课教师长期超负荷工作的局面，减轻他们的教学负担，使教师有更多的时间和精力去从事对教育对象的研究，去关注每一个学生个体，为每一位学生建立起详细的学习档案，在指导他们学业的同时，给予非学业的密切关注。这种关注不仅仅表现在对学生的思想品德、遵纪守法的教育管理上，还体现在关注学生探究与学习兴趣、创新能力、语言的实践和应用能力、表达和沟通能力、合作与分享等方面，作出全方位的考查和较全面的评价，在他们各自不同时期都能有不同的培养和训练计划与目标。

（二）大学英语教学目标评价

英语教学目标有四个层面的含义：培养学生的综合语言运用能力是基础教

育阶段英语课程的总体目标。学生语言技能、语言知识、情感态度、学习策略和文化意识等素养的整体发展是综合语言运用能力形成的基础。教学目标均以学生在这五个方面的综合行为表现为基础进行总体描述，揭示了语言的社会性、实践性和人文性。在英语教学中应采用分层递进形式教学方法进行管理，然后在此基础上实现英语教学的最终目标。"多元智力理论"中，加德纳曾批判地指出，现行的学校教育是统一化学校教育，它的本质是相信我们应该以同样的方式对待每一个人；以同样的方式学习同样的科目，并用同样的方式进行评估。在多元智力理论视觉里，这是不平等的。每一个学生的认知风格、学习方式、思维习惯及阶段发展水平都存在着一定的差异，在日常实际英语教学中，无论是"多元智力理论"，还是新课程基础教育，都要求学校、教师要根据学生的心理特征和差异，采取适当的评价方式，设计不同的评价目标。实行"分层递进"式教学管理是解决这一问题的较为有效的途径之一。课程有难易之分，尊重学生的个体差异，予以分层，真正做到因材施教，逐步提高。这就是"分层"的概念。其实施目的不是给学生和家长造成"同质分班贴标签"的误解，而是正视存在于学生之间的语言能力差异，方便教师开展英语教学工作，针对同一层次学生的实际水平，在目标、内容、任务、方法和评价上统一规划与要求，为每一个学生创造同等的条件和机会去尝试、选择、发现和发展，鼓励学生携手向高一级目标不断前进；并在"分层"的基础上，让学生正确地认识自己，求思求变，不断前进，故称之为"递进"。"分层递进"本着一切"以人为本"的教学理念，不让一个学生掉队，让不同程度的学生都能不断获得成功的体验，并在成功的快乐中获得自信，进而不断攻克一个个最近的目标，最终走上可持续发展的道路。

此外，要想实现英语教学目标，还应该重视英语英才的培养。有资料显示，韩国、美国、新加坡、以色列等绝大多数国家都非常注重基础教育中的英才培养。早在 20 世纪 70 年代，美国一些科学家认为，美国教育如果不能培养出数量足够的高质量的科学家，在未来社会中美国的优势就没有保证。新加坡的物质资源匮乏，1965 年独立后一直非常重视人力资源的开发，特别是精英人才的培养。韩国以往过于强调标准化的平等教育而忽视培养特殊学生的需要，虽然韩国普通中高职高专生的知识水平可赶上美国的英才学生，然而韩国英才学生的创造性和领导能力却只相当于美国普通中高职高专生，不考虑特殊天赋的通才教育扼杀了个人的天赋。这种状况促使韩国政府下决心扩大英才教育范围。在韩国，从学生起始年级起，教师、校方就担负起评估每一个学生能力、兴趣和学习态度的任务。学校建立学生评估系统，记录学生在校的情况，并定期向家长汇报，帮助家长选择适合孩子的教育途径。学生升高中之前的九年课程学习，如果他的学分积点数过半，通过第一关"预选制"则能够进入普通高中，之后目标是考入高校继续深造；如果预选不能通过的话，学生便会被分流到职业高中，毕业时如再次过不了最后一关"竞争性大考"的话，那么就意味着走入社会去工作。鉴于国外的这些经验，结合我国新一轮基础教改的形势，笔者认为，改变过去以年龄或学年分班的做法，可使学生根据自己的能力、自身的特点和兴趣爱好，组成不同班级，参加中学阶段国家英语等级考试，达成基础阶段必修的英语等级。在基础学习阶段，鼓励学生提早完成他们的英语等级考，然后参加学校或当地政府为基础教育开办的英语英才教育培养计划，例如同声传译的培养，以满足长期以来全国各地尤其对英语高级口译紧缺人才的需求。

总之，"分层递进"管理，是学生自信走向成功的阶梯，而英才教育将是培养国家创新人才的摇篮。两者的有机结合可以形成一个相对完善的教育和人才培养体系，充分挖掘人才和教育的潜力。分层递进的英语教学管理，能有效针对不同程度的学生个体，提出不同的学业评价要求，使学生在探索与辨别中认识知识的价值及其评判准则，同时也认识自我，逐步走向自我教育的道路。而英语英才培养计划，能公平地体现学生的个体差异，初步形成人才培养的梯形结构，与社会所需人才的结构大体吻合，以维持人才市场的供求和社会发展的平衡。

（三）大学英语教学内容评价

根据英语教学的总体目标指向，英语课程标准把内容标准分为语言技能、语言知识、情感态度、学习策略和文化意识五个方面。

1. 语言技能

关于语言技能标准，课程标准从以下几个方面进行说明：语言技能包括听、说、读、写四个方面的技能以及这四种技能的综合运用能力；听、读技能和说、写技能的不同功能（前者为"理解"，后者为"表达"）以及它们在语言学习与交际中的相互关系；学生四种技能的获得需要大量的专项和综合语言实践活动；目的在于强调语言运用，促进学生语言运用能力的提高，以及实施科学、合理的教学评价。

2. 语言知识

语言知识包括语音、词汇、语法、功能和话题等五方面的内容。语音包括音素（元音和辅音）、语音规则和语调三个组成部分。语法涉及词汇量、基础词汇、词汇拓展的等级划分、短语、习惯用语和固定搭配的学习项目以及词汇的主要用法。同时，把功能和话题明确地归为语言知识，不仅突破了语言知识范畴，更重要的是揭示了语言的社会性、人文性和实践性。

3. 情感态度

情感态度指影响学生学习过程和效果的兴趣、动机、自信、意志与合作精神，以及学生在学习过程中逐渐形成的祖国意识和国际视野。情感态度表现为持续的信心、浓厚的兴趣、积极的态度、明确的动机、丰富的情感和有效的配合等几个方面。教师要在教学中不断完善学生学习的心理机制，让学生通过英语课程的学习，增强祖国意识，拓展国际视野。

4. 学习策略

学习策略指学生为有效地学习和发展而采取的各种行动与步骤。英语学习的策略包括认知策略、调控策略、交际策略和资源策略等。学习策略灵活多样，并因人、因时、因事而异。教师应当在以下几个方面来设置学习策略：明确学习问题，计划学习时间，学会记笔记，学会主动提出问题，学会小组互动、配合，学会使用工具书，总结适合自己的英语学习方法等。教师要帮助学生通过不断调控，逐步形成适应自己学习能力的学习策略，为他们的终身学习奠定基础。

5. 文化意识

对学生文化意识的教育包含使学生了解所学语言国家的文化范畴——历史地理、风土人情、传统习俗、生活方式、文学艺术、行为规范、价值观念等，使学生了解英语国家文化的意义，促进学生对英语的理解和使用，加深其对本国文化的理解与认识，培养学生的世界意识，提高其跨文化交际的能力。教学中教师应根据学生的年龄特点和认知能力，逐步扩展文化知识的内容和范围。此外，教师在引导学生了解英语国家的文化要素和知识的同时，也要让学生知道如何把中华民族的优秀传统文化介绍给英语国家的人民，以弘扬中华民族的光荣传统。

（四）大学英语教学程序评价

教学是课程实施的基本途径和核心环节。根据英语课程的性质、任务和总体目标，课程标准从以下方面讲述英语教学中应关注的问题。例如，英语教师的教学行为要从面向部分学生向面向全体学生转变；从重视传授向重视学生主动学习转变；从重视语言知识讲解向重视学生参与、感知的语言学习过程转变；从重视教师单向的信息输出向师生互动、学生互动的多向信息交流转变；从重视单一的课本教学向开发利用课程资源，拓宽学生学习渠道转变；等等。

现阶段，英语课堂是实施英语教学任务的主阵地，因此英语教师要高度重视英语课堂教学的具体程序实施情况。传统形式的英语课堂教学评价很大程度上忽视了学生在课堂教学中的主体性、能动性和创造性，不利于学生能力的发展。新课程要求英语教学过程的评价要体现以人为本、实施素质教育，注重培养学生的实践能力和创新精神。在日常教学中，新课程提倡"采用新课活动途径，倡导体验参与"的理念，要求教师在教学过程中对学生的学习策略和情感充分关注，强调教师指导学生感知、实践、参与、合作的过程，并充分发挥评价的激励功能，构建学生知识、能力、人格三位一体的教学模式。

因此，英语教师应从教学目标、教学内容、课堂互动效果以及学生的情绪情感状态出发综合考虑准备每一堂课，努力完成各项具体的教材程序评价目标。

首先，一堂好课的指标是展示真实的学习过程、科学的学习方式、高超的教学艺术。根据相关研究结果，讨论式、质疑式教学有利于发散思维、创新思维的发展。要让学生想象丰富，积极探索求异，发展个性，就要求教师要善于挖掘教材中蕴含的创造性因素，通过创设情境，给予每一位学生参与的机会。而教师在课堂教学中，尽量设计新颖别致、能唤起学生共鸣的话题，让学生在独立思考的基础上，再进行集体讨论，相互交流，相互启发，相互学习，共同提高。

其次，要合理分析学生的需求。对课堂学生学习效果的评价最终定位于三个学习目标的达成：知识目标学会了吗？能力目标学会了吗？情感目标学得有情趣吗？

再次，制定教学目标。决定英语课堂教学内容有效性的六项评价标准如下：

第一，基础性。掌握扎实的基础知识以及学科基本结构。

第二，综合性。学科知识的综合，多种能力的综合。

第三，挑战性。能激发学生的兴趣和探求的欲望。

第四，人文性。体现人类文明，具有深邃的文化内涵。

第五，时代性。反映现代科技的新成就。

第六，实践性。切合实际，培养学生解决问题的能力。

最后，追求情感交融，促进师生共同发展的"三动"教学过程评价，即生动、主动、互动。

生动是指对教师在教学过程中对教学内容、教学方法、教学策略的选择以及教学能力表现的总体要求，可大体分为：（1）教学设计。科学合理、独特创新、主体发展。（2）情境创设。联系实际、适时恰当、启迪思维。（3）过程调控。因势利导、及时反馈、张弛有度。（4）方法选择。激发兴趣、注重差异、学法指导。（5）手段应用。注重实践、媒体得当、有效整合。

英语课堂是实施英语教学任务的主阵地。传统的英语课堂教学评价很大程度上忽视了学生在课堂教学中的主体性、能动性和创造性，不利于学生能力的发展。新课程要求英语教学过程的评价要体现以人为本、实施素质教育，注重培养学生的实践能力和创新精神。在日常教学中，新课程提倡"采用新课活动途径，倡导体验参与"的理念，要求教师在教学过程中对学生的学习策略和情感充分关注，强调教师指导学生感知、实践、参与、合作的过程，并充分发挥评价的激励功能， 构建学生知识、能力、人格三位一体的教学模式。因此，教师应从教学目标、教学内容、课堂互动效果以及学生的情绪情感状态综合考虑准备每一堂课，努力完成各项具体评价目标。主动是指对学生在教学过程中的情绪状态、参与方式、参与品质、参与效果等主体性表现的总体要求，可大体分为：（1）情绪状态。兴趣浓厚、精神饱满、状态良好。（2）参与方式。积极主动、方式多样、配合默契。（3）参与品质。能思善问、善于动手、能够交流。（4）参与效果。体验过程、掌握方法、提高能力。（5）活动时空。分配合理、参与面广、充分利用。

互动是指对课堂教学信息交流的总体要求，大体可分为师生交流、教学互动、平等参与、善于沟通、同学交流、气氛热烈、机会均等、各有所得。整个课堂教学，教师在"权威、顾问、同伴"三重角色的选择中，学生在竞争与合作两种关系的处理中，形成良性发展的和谐关系。

（五）教学活动类型评价

关于英语教学任务类型，根据上海外国语大学陈坚林教授所归纳的任务类型进行分类，主要可以分为以下几种。

1. 信息差任务活动

要求学生通过目的语（要求掌握的语言项目）进行信息交流和传递。

2. 推理差任务活动

要求学生利用已有的知识和已知的信息进行推理、概括或演绎获取所需要的信息。

3. 见解差任务活动

要求学生根据某种特定的情景或话题辨别和表达个人的情感（爱好、感受、态度等）。

4. 教师要牢牢把握"任务型"教学的主旨

即完成任务的重点不是语言形式，而是完成任务的质量，语言形式为完成任务服务。"任务型"教学的程序一般分为三个阶段：pre-task（前期活动）、task（中期活动）和 post-task（后期活动）。pre-task 阶段又分为 description（解说任务）和 preparation（准备活动）两步，这在大学的英语教学中是十分必要的。description 是指教师向学生讲解任务情境，展示任务。Preparation 是指教师指导学生或学生自己或组成小组进行有关准备。这一步教学要求教师给学生以指导，如举出例子或做一些示范，目的是帮助学生排除完成任务的障碍。task 阶段即完成任务阶段，一般是由学生个人完成。如有必要，也可在教师和同学的帮助下完成。post-task 是学生根据要求通过各种语言活动（说、写、读、做、扮演角色等）展示所完成的任务。

（六）教学教材选用评价

教材是英语课程资源的核心部分，包括教科书和与之配套的练习册、活动手册、教学挂图、音像资料等。课程标准关于教材编写和使用的指导思想是：首先，依据英语课程标准规定的课程目标和教学要求；其次，灵活多样；最后，满足不同学生的需要。

对于教材的使用问题，教师要善于根据教学实际，灵活地和创造性地开发利用。例如，对教材内容做适当的补充和删减，使之更加符合学生的需要，更具有时代感，更贴近学生生活；对教材内容顺序做适当调整，使教学更符合学生的认知规律等。这就要求教师不断提高开发教学资源和处理教材的能力。

（七）网络教学课程评价

网络课程是网络教学的基本载体，课程维度的评价至关重要，可以由以下两个方面构成：

1. 对课程内容的评价

内容是决定网络课程质量的基础，也是课程的核心要素。对内容的评价包括内容的选择和内容的组织两个方面。内容的选择可以围绕"精""当"二字来进行评价。所谓"精"，即在内容正确、完整的前提下，要做到不蔓不枝、重点难点突出；所谓"当"，即课程内容本身的组织结构要做到合理、简明。

2. 对教学设计的评价

教学设计是指对课程的教学目标、教学过程及教学测评方法的设计，是决定网络课程质量的另一个关键因素。对教学目标的评价主要涉及目标是否清晰目标层次的设置是否合理。对教学过程的评价主要体现在：能否对学习者的学习进行有效的控制；能否提高学习者主动参与的程度；能否设置合理的交互，引导学习者对知识进行合理的建构；能否促使学习者进行积极的交流与协作；能否提供丰富的资源，供学习者自主选择；有没有设置人性化的学习帮助；在学习环境的创设上，能否照顾到学习者个性化的学习需要。教学测评方法则是考查练习的反馈是否及时，形式是否得当，是否有功能齐全的测评系统对学生的学习进行较为全面的评价以及评价的结果是否合理。此外，内容的呈现方式也是教学设计的一个重要方面。所谓内容呈现方式，主要是指界面设计。简便易用、人性化的界面设计符合学习者网络学习的需要。具体来说，在进行教学设计的时候，应该认真考虑以下问题：界面设计风格是否统一；屏幕布局是否合理；导航是否清晰明确；内容检索是否方便；操作帮助是否人性化。

三、基于教师教学维度

教师是大学英语教学评价体系中的设计者、组织者、参与者、指导者和分析者，因此对教师而言，应该确立符合形成性评价特点的教学行为评定指导思想。教师应认识到教学目标是强化、提高学生素质，而不是强化应试；教学目的是以学生的发展为本位。教师教学的依据是学生的需要，教师的教学行为应符合学生的知识结构、心理特征和能力水平。因此，教师设计的评价目的应兼顾学生的学习过程和学习结果，教师在教学的过程中应时刻注意学生学习行为的改变，根据学生的接受能力和掌握情况随时调整自己的教学。反对那种一味追求分数、只强调结果的做法。

（一）英语教师教学评价中的素质提升

教师在英语教学评价体系中扮演着设计者、组织者、参与者、指导者和分析者的角色，因此对英语教师而言，应该确立符合英语教学评价特点的教学行为评定指导思想。英语教师应认识到英语教学目标是强化、提高学生素质，而不是强化应试；英语教学目的是以学生的发展为本位。教师教学的依据是学生的需要，教师的教学行为应符合学生的知识结构、心理特征和能力水平。因此，英语教师设计的评价目的应兼顾学生的学习过程和学习结果，教师在英语教学的过程中应时刻注意学生学习行为的改变，根据学生的接受能力和掌握情况随时调整自己的英语教学行为，反对那种单纯地追求分数、只强调结果的做法。英语教师在实施英语教学评价的过程中应注重师生间信息的相互交流，变传统的教师说、学生听为多方位、多层次、主动的师生信息交流过程，变被动学习为积极参与。在英语教学评价期间，英语教师不再是考官，而是站在学生的角度研究学生的发展，与学生共同讨论改进学习方法，这样就对英语教师提出了更高的要求。

有英国学者曾指出：教师应当成为研究者，没有教师的主动研究、反省，没有他们主动理解"官方课程"，没有他们根据实际情况将"官方课程"转变成操作课程，任何教育改革最终是难以取得成功的。在实施形成性评价的过程中，英语教师在评价学生的同时，也在反思自己的教学，评价自己的教学成果，努力提高教学能力和教学业务，把教学工作和自身发展联系起来，成为一名研究者。形成性评价的目的就是要促进学生的成长，促进学生的全面发展，促进教师教学水平的提高，促进学生的发展，使评价的过程成为促进发展与提高的过程，教师应将评价贯穿于日常的教育教学活动中，发挥评价的教育功能。因此在实施过程中，教师要注意评价的正面鼓励和激励作用，保护学生的自尊心和自信心，体现尊重和爱护，关注个体的处境与需要，根据评价结果与学生进行不同形式的交流，充分肯定学生的进步，鼓励学生自我反思、自我提高。总之，要实现英语教学的科学性评价，广大英语教师应当积极投身到其中，并努力探索出更为科学的方法，以求在英语教育教学中不断提高自己、锻炼自己、完善自己，努力使自己成长为适应当前教育形势需要的研究型教师。

良好的教师素质，不仅是有效教育的基础和前提，也是学生学习的直接内容，是有效的教育工具或手段。教师的品格意志、道德面貌、情感态度、学识能力和言谈举止都会对学生产生潜移默化的影响，具有巨大教育价值。因此，在英语教学评价中，英语教师的素质可以说是实施素质教育和提高教育质量的根本措施之背景、基础和个体差异，通过多种渠道收集体现英语教师教学表现和水平的资料，鼓励英语教师积极参与到评价中并反思自己的英语教学过程，有助于提高英语教师的职业素养和教育教学能力，激发英语教师不断改进教学的主动性和创造性，促进英语教师自我价值的实现和提升。

（二）英语教师课堂教学评价的不同评价方式应用

由于教师的课堂教学在教学过程中具有重要的特殊作用，评价时应予以重视。评价方式可以是随堂观察、问卷分析、访谈等。评价的内容包括教师课堂使用语言的情况、教学活动的安排、对学生错误的反馈和处理、对文化信息的处理、教学设施的使用、对学生学习兴趣的调动等。笔者在此列出一个非常详细的课堂评价的参考清单：（1）是否主要使用英语；（2）对发音、语调和重音是否重视；（3）课堂指令是否用英语；（4）是否表扬正确的回答；（5）是否对错误的回答表示理解和宽容；（6）在传达信息时是否表现出热情；（7）是否口头对材料进行大量的运用；（8）是否用非语言、线索帮助理解；（9）是否将英语与英语文化联系起来；（10）是否清楚地解释任务；（11）材料是否多样；（12）目标是否具有灵活性；（13）是否利用学生错误解释正确答案；（14）是否提供不同的语言活动；（15）是否能调动整个班级；（16）是否能熟练运用教学设备；（17）是否鼓励学生在课堂上使用英语。

学生的自评和互评，都必须与教师的评价结合起来。在对学生进行评价时，教师要指导和管理学生自评和互评，同学生一起反思，听取学生对教学的意见，确定改进教与学的目标。另外，还要给学生写评语。教师的评语应该简短、具体并有针对性。评价应包括优点和缺点两方面。可以将评语附在学生的作业本上，以便使学生获取诊断性信息。教师评价还可采用日常记录的方法，或采用学生行为评价表或评价量表以及座谈的形式，这样，教师、学生共同协作建立起于学习目的、个人需要以及整个班集体需要的评价方式，教师还可采用日常记录、日志、评价表、座谈等评价形式进行评价。

英语教学评价过程中，教师要认识到应对学生日常学习过程中的表现，对所取得的成绩及所反映出的情感、态度、策略等方面的发展作出评价。其目的是激励学生学习，帮助学生有效调控自己的学习过程，使学生获得成就感，增加自信心，培养合作精神。形成性评价有利于学生从被动接受评价转变成为评价的主体积极参与者。为了使评价有机地融入教学过程。教师应建立开放宽松的评价氛围，以测试和非测试方式以及个人与小组结合的方式进行评价，鼓励学生、同伴、教师和家长共同参与评价，实现评价主体的多元化。形成性评价可有多种，如课堂活动评比、学习效果自评、学习档案、问卷调查、访谈、家长对学生学习情况的反馈与评价、平时测验等。对于学生在评价中的各种数据，教师应认真分析整理，主要任务是评价的结果。评价是否促进学生自主性的发展和自信心的建立，是否反映了学生学习成就，是否反映了学生学习中的问题或者不足，是否反映了教师教学中的成功之处与不足。此外，英语教师需对英语教学评价小组进行监督以及介入，学生在小组评价过程中，由于初中学生年龄小，能力有限，彼此间存在着个体差异，教师是学生完成任务的有力助手，教师应该给予学生有力的支持，如理清思路、提供工具、提醒生词、告诉信息来源等。

建立科学化的英语教师教学评价机制，教学评价按照评价的作用划分为三种：诊断性评价、形成性评价和终结性评价。目前我们的教育教学在绝大多数时间和场合采用的是诊断性评价和终结性评价。在学校绝大多数校长和老师特别注重终结性评价，甚至片面地认为考试就是教学评价的唯一手段。然而片面强调考试，这样只会压抑学生内在的良好素质的发展，扼杀学生创新意识。对学生英语学习的评价，新课程倡导"多主体参与评价"，在教学中对学生的学习过程、综合表现和有效结果进行整体价值的判断。评价形式要求多样化，表现为形成性评价和终结性评价相结合，定性评价与定量评价相结合，以及自我评价与他人评价相结合。从形成性评价和终结性评价相结合角度出发，终结性评价主要指期末和结业考试，是检测学生综合语言运用能力发展程度的重要途径，也是反映教学效果和学校办学质量的重要指标之一。在日常英语教学过程中，由于教师对不同学生的学业难以认识得较为全面、具体，长期以来采取的都是终结性评价方式，以考试成绩来评定不同学生的学习能力和教师的教学质量。评价学生不仅要注重结果，更要关注发展变化的过程，注重在英语综合能力培养的过程中，多次、即时、动态地实施形成性评价，使静态的评价与动态的评价、终结性评价与形成性评价有机结合起来。

新课程教学评价因为评价的标准从知识转向了学习能力，还包括了学习动机，兴趣等非智力因素。体现学生情况的数据，很难用数字精确地表示出来，而多用自然语言加以描述。在自然语言中，大量的陈述语句存在模糊性，对评价标准的描述也不例外，具有模糊性，如学习能力很强、学习兴趣浓厚、学习动机差、不能很好地与他人协作等。这些评价是明白的、具体的，但具有模糊性。那么对于评价标准的语言描述，能不能用定量评价方法呢？答案是肯定的。具体做法是将模糊性语言描述加以数量化，从而可利用传统的数学方法进行分析处理。自我评价与他人评价相结合，学生的自我评价要求学生进行反思，肯定自己的进步、成绩与问题。学生做好自我评价，教师要首先帮助学生学会自我评价的方法，中学生要学会用英语表达。他人教学评价是指学生互评、教师评价以及家长评价。

新课程英语教学倡导"多主体参与评价"，以任务型教学为其主要特色的教学方式，强调学生展开"小组合作式"学习，为学生适当互评提供了条件。学生为同伴的课堂表现写评语，主要写优点和改进建议。教师评价是传统的学生学业评价方式，主要是为学生写评语。新课程背景下的教师评价不仅包括写评语，还采用日常记录、日志、评价表、成长档案袋、座谈等形式。在学生成长的过程中，家校携手密切联系，协同关注每一个学生个体，将会最大限度地发挥教育的功能。所以家长的评价也是对教师了解每一个学生，做到知己知彼的一条重要的线索。家长最了解自己孩子的个性和特点，与教师从全面和横向的视角来比较，家长的评价是具体和深入的。而且家长是最有子女教育知情权的团体，学生自评、互评以及教师评价的材料应让家长定期阅读，并及时作出反馈。

（三）教学理念

以教师维度的评价还可以从教师的教学理念而进行概括。如能否将建构主义的教学理念应用于教学中，能否在教学中注意教学语言的科学性，能否做到以学生为中心，不把自己的观点强加于学生等。

（四）教学能力

是否熟悉所使用的网络课程；能否熟练地使用网络支持软件进行教学；是否具有一定的信息素养，及时收集新的学习资料，提供丰富的学习资源，帮助学生进行深入的学习；能否设计合理的教学活动，引导学生积极进行网上交互，协作学习；能否在进行集体教学的同时兼顾个别化教学；能否对网络环境下学生的学习进行公正的、符合实际的评价，并提出恰当的建议；等等。

四、基于评价技术维度

（一）常规测试评价

常规英语测试评价是日常英语教学中常用的评价方法，在实际教学评价过程中应该建立起科学化的英语教学考试评价机制。英语能力主要包含知识系统（如语音、词汇、语法等）和技能系统（如听、说、读、写等），前者是手段，后者是目的，考查重点自然应该放在技能系统上。英语常规测试和评价在教学中的作用和功能，主要有以下六个方面：

1. 诊断语言程度

了解学生现有语言水平，发现和诊断语言学习中的问题，英语中称为"diagnostic test"，如新生入学后的"摸底考试"。教师可根据测试的成绩和信息修订或调整教学计划，或根据学生的水平进行分班。

2. 检查学习进度

检查和评价学生在某一阶段或某主课程学习中对所学内容的掌握情况，英语中称为"achievement test"，如期中考试、期末考试。考试内容应是学什么，考什么。教师可根据学生的成绩发现问题，制定相应的补救措施，改进教学。

3. 衡量英语水平

测量学生英语语言知识和综合运用英语的总体水平，英语中称为"proficiency test"，如美国的托福考试（TOEFL）。考试内容不针对任何教材和课程，主要用来筛选和选拔人才，试题难易有跨度，以利于区分考生的优劣程度。

4. 预测外语学习

预测学生是否具有学习外语的天赋或潜在能力，英语中称为"aptitude test"。考试不太关注学生已掌握了多少东西，主要关注考生识别、理解、模仿、记忆、归纳和学习一门新语言的能力。这种考试主要用来选拔人才或选择专业。

5. 激励学生学习

前四项作用和功能是四种主要的测试类型。从教师的角度来看，测试还可以再列出一种功能，就是激励学生学习。如果期望学生在英语学习的某一方面有所进展，老师可以"just test it"。因为要考试，学生会努力学习，这种考试要做到考试形式简单有趣，语言素材真实有用。

6. 评价教学科研

作为教师，除了教学工作外，还会经常做一些教学研究。如：探讨教学方法或教材，研究学生学习的个体差异。要客观地回答研究课题，或验证某一假设，需要根据考试的结果进行分析和判断。考试评价的内容要多元化，既要重视学生的学习成绩，也要重视学生的思想品德以及多方面潜能的发展，注重学生创新能力和实践能力；既要重视教师业务水平的提高，也要重视教师职业道德修养；既要重视学校整体教学质量，也要重视教师的职业道德修养；要重视在校的课程管理、教学实施等管理环节中落实素质教育思想，形成生动、活泼、开放的教育氛围。评价标准既应注意对学生、教师和学校的统一要求，也要关注个体差异以及对发展的不同需求。评价方式要多样，探索科学、简便易行的考试评价方法；考试评价不仅要注重结果，更要注重发展和变化过程；重视学生、教师和学校在考试评价过程中的作用，使考试评价成为教育行政部门、学校、教师、学生和家长共同参与的交互活动。英语教育考试评价体系改革的目标是要建立三个评价体系：以促进学生发展为目标的评价体系，以促进教师职业道德和专业水平提高为目标的评价，以提高学校教育质量为目标的评价体系。

为了发挥英语常规测试的作用，在今后，教师还应注意以下几点：

第一，改变测试内容和题型。

第二，加强测试的诊断、调整、激励和甄别的功能。

第三，在把握测试时机的情况下，提高测试的设计和实施水平。

7. 加强学生的自我评价

自我评价是指在学习过程中学生依据评价标准对自己的学习和行为进行的评价。这种评价要求学生反思，肯定自己的进步、成绩，并找出存在的问题。为了让学生评价自己的学习和行为，他们需要有好的榜样。这样，教师必须和学生一起具体制订各项评价标准。学生参与了标准的制定，其后还要运用这些标准对实际作品（或行为）进行评价。学生可以以小组形式对范文（范例）进行评价，然后开始独立的自我评价，找出自己的精彩之处和问题所在。在课堂上坚持让学生做值日报告、看图说话、采访同学、购物、借东西、打电话、复述课文等教学活动，要求学生语音语调基本正确。培养学生的口头表达能力、提出问题和解决问题的能力、应变能力、合作能力和创新能力。教师应该给学生评价，做好记录。另一方面，英语教学评价应重视对英语口试的评价。在研究实践的过程中，我们采用开放性口试的评价方式。所谓开放性口试即开放的试题、开放的形式、开放的考场，教师将本学期或本阶段所学的交际功能项目和内容进行整合，编制成若干道口试试题，以考试通知单的形式在学期初下发给学生，给学生准备时间，然后进行考试。学生根据自己的弱点调整学习目标，教师针对学生的弱点和需求对自己的教学计划进行改进，使课堂指导更有效。

在学生进行自我评价前，教师还要帮助学生学会自我评价的技能，让学生持之以恒，养成习惯。有效评价要求学生投入，这种投入可以使他们进行反思，也可以使他们肯定自己学习的努力，并看到改进的必要性以及进取的可能性。

（二）日常观察评价

观察是英语教学评价人类技巧以及行为的基本方式，英语教师可以观察学生日常学习的诸多方面。比如，观察学生在课堂上如何作出反应，如何使用教材，在小组活动中如何与其他同学相互交流与合作，如何有效地展示自己对所学内容的理解。通过观察，教师可以了解学生学会了什么、哪些学习策略对学生有帮助、学生喜欢哪些活动和材料等。观察记录可以采用日常记录和评价表的方式，观察学生日常的阅读、写作、听和说的经历，教师和学生可以观察学习上的具体行动。通过对课堂事件、教学活动、学生之间互相交流的观察，教师可以了解到学生的学习情况、学习策略和学习活动。在实际观察过程中可采用如下记录方式。

1. 日常记录

它是教师根据学生日常语言、行为或学习所做的记录。记录的形式简易灵活，可以在学生活动发生时或发生后进行。

2. 评价表

它可以反映某一特定时间内，学生在某一项活动或过程中的表现和进步程度与形式。它用来记录学生是否掌握某一具体知识、技巧、过程、能力以及态度。通过评价表，教师可以了解自己在哪些方面的教学取得了良好的效果，学生在哪些方面需要帮助或进一步指导。评价表的形式应多样化且使用方便。

3. 评价量表

它记录学生达到了某一具体标准以及学生在所给时间或所给范围内达到的标准。它显示了从恰当到不恰当的一种持续性，以便判断。一般采用三种量表：数学、图表和描述。总之，通过对学生的学习情况的观察与记录，掌握并了解学生存在的问题，及时给学生提供反馈，有利于帮助学生改进和提高。目前的英语教学评价尽管对考试的要求不再过度重视，但是仍然需要有日常小考试、阶段性的测验以及期末考试等。

4. 学业考试

学习对学生来说，虽然显得比较轻松愉快，但他们并不排斥紧张和频繁的学业考试。老师要在平时有意识地培养学生学习行为的责任感，在学生观念里，考试是用来检验和诊断某一段时间自己掌握语言的学习情况，而且老师可将考试作为督促和激励学生进一步提高学习成绩的措施之一。在教学目标上，教师要对每一个学生的要求恰如其分，而且学生只要经过努力都能够达到。通过训练和评价，学生能在原有的语言水平上得到不断的提高和发展。考试在英语教学评价中也同样适用，教师要充分利用科学化的日常小测验与阶段性考试等，对学生的英语学习情况进行有效评价，从根本上提升学生的英语学习效率。

（三）学生学习档案的建立评价

学生档案袋教学评价又称为"文件夹评价"或"成长记录袋"，它是由学生将自己有代表性的作品进行分类归档，以展示自己的学习进步的状况，并由教师据此对学生进行评价的方法。学生档案应包括一段时间内与学生学习有关的全部资料，这些资料能显示学生的学习态度、努力程度、学生的发展与进步。学生档案以学生为中心，从多方面反映一段时间内学生在教师、家长以及学校共同教育下的成长过程，也是学生制定学习目标和自我评价的重要参考。学生通过建立自己的学习档案，可以不断回顾自己档案中的内容并不断改进它们，从而摸索出适合自己的学习方式。这样，到学期末，学生就可以向教师和同学展示自己一段时间内的最佳成绩。对于英语学科，教师可以建立学生英语语言能力方面的学习档案。例如，写作、阅读和口语档案等，口语档案可以通过收集学生的录音磁带来获取资料。具体来说，学生档案袋的内容包括：（1）在日常生活中发现的英语问题；（2）解决问题的方法和过程；（3）解决问题的反思；（4）作业、试卷记录（包括成功或不成功的记录）；（5）学生录音；（6）收集有关资料（如英语形成性评价记录等）；（7）阅读范文；（8）学生的作文；（9）电脑磁盘。

其中，在课堂学习中的表现包括参与回答问题的积极性、准确性，课堂表演的能力，学生的英语作品、测试试卷等。在课外英语活动中的表现情况主要包括学生在学校的英语角、英语短剧、英语竞赛、圣诞英语晚会、英语节等的表现。每个学生因其情况不一，档案袋的内容并不完全一致。但有一点是共同的，就是学生应该把自己认为最有价值、最有代表性的作品放进档案袋，以便建立自信，促进对自己学习过程的反思。教师只对档案袋内应该包括哪些方面的内容作出规定。教师每个月要指导学生对学习档案进行评估（优、良、中、差），哪些做得好，哪些需要改进。要让学生随时翻阅，不断反思自己的学习历程，以便全面了解自己的学习过程，更深刻地感受到自己的成长和进步。

大学学生学习档案的主要价值在于评价学生的成就。因为它们提供了有关学生语言发展的连续记录。通过定期回顾学生学业档案，教师可以了解学生有关英语学习的看法以及他们的学习策略。同时，档案袋评价最大的优点就是能给教师提供其他测量工具无法提供的很多信息。例如，档案袋可以反映学生思维和解决问题的能力、运用策略和程序性技能的能力，还可以反映学生的毅力、努力、自我监控学习的技能、自我反思或元认知的能力。这种学生档案既评价结果，也评价过程，而且更注重对过程的评价。在英语教学中，一个学生可以建立多个学业档案，可以建立一个有关听力的学业档案、一个口头表达方面的档案、一个阅读档案和一个写作档案。当然，档案中每份记录都应该标明日期并附以相关的说明和评价。G. 马丁—妮普（G.Martin-Kniep）指出，教师在设计学生学业档案时要注意如下方面：

第一，设计这份档案的主要目的是什么？谁是主要读者？谁是次要读者？

第二，收录哪些内容？一份学生档案可以依据某一标准记录学生在成长过程中所取得的成就、努力程度或所有这些方面的综合，或者是对课程的理解。

下面以阅读档案为例，介绍如何建立阅读的学习档案。首先，英语教师要向学生明确建立档案袋的目的。良好的阅读习惯应从大一培养。形成正确的阅读方法，因此建立一个阅读档案袋有其必要性。其次，教师是要求学生谨慎选择放入档案袋的内容。当学生考虑把哪些作品或作业放到档案袋的时候，教师应该鼓励学生认真考虑为什么选择这些内容，这些内容是否能向其他人展现自己的优点和进步。阅读档案袋的内容可以包括学生英语阅读现状调查表、学生英语阅读策略自我评价表、每日阅读训练、课外测读摘录表、读书报告等。还可以放入学生对阅读学习的态度、兴趣和习惯的调查表以促使学生的自我评价。另外，每个档案都应该有封面，在封面上标明姓名、年级、教师姓名、要求项目、任意选择的项目和备注。在教师对学生档案袋内的材料进行评价时，学生也应参与，教师应该始终采取正面的、支持的态度。同时，鼓励学生之间互评。

评价时应以肯定为主，让学生看到自己外语学习进步的过程。创设宽松的语言学习环境，减少紧张的氛围。不要给学生提出过多或无法完成的目标。

（四）学生访谈评价

教师与学生间的访谈、座谈或讨论有利于对学生个人成就和需求作出正确与积极的评价。在讨论中，教师可以发现学生对他们自己的进步和学习的感受与态度。简短的座谈可以在课堂中随时进行，采访问题可以根据学生个人的需要和教学要求来定。通过访谈、座谈或讨论的形式，教师可以面对面地与学生沟通、交流，从而了解学生学习过程的进展以及变化原因，有利于其评价学生的个人学习情况和需求。在与学生的交谈中，教师可以发现学生对自己学习情况的感觉和看法，根据学生的个性化需要以及实际教学要求进行访谈。英语教师在课余时间主动接触学生，了解他们的英语学习情况，然后积极开展开放式以及非正式性访谈。在正式结构式访谈过程中，可以根据学生学习过程中存在的主要问题，拟定好访谈提纲。一般情况下，一部分问题是设计好的，而另一部分问题由学生自己来阐述他们想发表的意见。每次访谈时间持续 40～50 分钟。在对学生进行英语教学访谈评价的过程中，实现了访谈的全面性以及重点性。全面是指对所有学生都进行了访谈，重点是指对学生学习过程中的重点问题进行了深度化的访谈。在访谈期间，英语教师可逐渐理清思路，然后积极寻找有效信息。对学生进行访谈评价的主要内容包括了解学生对英语新课程教学的态度与实际英语学习情况，掌握学生在英语学习方面的基本素质水平，然后使每一位学生都成为有能力、有思想以及有素质的人。而且要清楚了解到英语教学评价给学生学习带来的巨大变化，从根本上提升学生的英语学习效率。

（五）问卷调查教学评价

以书面形式提出，通过收集被调查者的问答来获得资料的方法。进行问卷调查，主要是较全面地收集学生在学习过程中的进步、遇到的困难、学习心得等，以便不断改进教师的教学工作，促进师生共同进步。问卷的编制应尽量简洁、明了，重在解决实际问题。现就某校学生"英语口语形成性评价和终结性评价的调查报告"做些简要分析。该调查主要从学生的单元语音作业情况和参与课堂教学活动的情况进行自评、他评和教师评价。从调查结果来看，学生对形成性评价表现出了积极的态度，大部分学生能在课内课外开口说英语。自评结果显示，约有 16.8% 的学生自评为 A 等，57.4% 的学生自评为 B 等，15.8% 的学生自评为 C 等，自评为 D 等的仅为 10%。这说明大部分学生对自己的英语学习充满自信。他评以小组的形式进行，一般由学科组长对本组的同学进行检查。从部分问卷来看，学科组长眼中的"优秀学生"为 13%，"中等学生"为 44%，"困难学生"为 43%，说明学科组长对本组同学的要求较高，可能他们更多的是以自己的水准来评价其他学生。教师的评价则相对比较宽容，大部分教师认为学生在原有的基础上能够取得进步就是好的，不能强求每个学生一定要达到一个很高的水平，说明教师已经开始以发展性的评价观来评价学生。纵观这一调查表，基本上反映了学生自己、同伴之间以及教师的英语形成性评价观，值得我们借鉴。

英语教学评价中进行问卷调查。问卷可以设置以下有关问题：你喜欢哪些课堂活动？小组讨论、角色表演，还是口头陈述等。你对英语课堂教学满意吗？你是否主动参与课堂活动？你能正确认识自己的英语学习情况吗？在阅读时，你碰到生词怎么办？当你不能正确表达自己的意思时怎么办？课后，英语教师会和你交流吗？课后，你还会自己学习英语吗？你在英语学习过程中，遇到哪些困难？

教师对问卷调查结果进行数据统计和科学分析，不仅可以使教师了解学生英语学习的情况，同时也了解学生学习中遇到的困难，从而在教学方面作出相应的调整，提出具体的解决实施方案，实现教学目标。然后对大学的英语评价资料进行科学化统计与分析。

1. 根据实际情况进行评价

根据实际情况，课堂内的学习行为和课外学习的评价方式可以是教师评价，也可以是小组评价、学生互评、学生自评。

2. 根据学生专业性的需求进行学习任务增减

课堂内学习作业及课外学习作业可由任课教师根据学生专业性的需求而进行增减。如果学生是商务英语专业，那课堂内学习行为可增加课堂模拟商务谈判；如果学生是旅游英语专业，可增设英语导游词的演说等。

3. 教师可定期向学生公布评价结果

教师在教学的评价中应多鼓励学生，保护学生的自尊心，培养其自信心。毕竟部分大学生的英语基础不够扎实，多加鼓励能让学生感受到老师的亲和力，减少对英语这门课程的恐惧感，从而建立新型的和谐师生关系。

（六）其他形式大学英语教学评价

除了以上五种形式的英语合作教学评价方法之外，还可以借助以下几种形式的英语教学评价方法，开展教学评价活动。

1. 多媒体英语教学评价

学生可以运用所学的词汇、所看的录像带、照片、图片及图表，利用网络来互相交流。学生、教师、家长也可以在网上进行评价。

2. 任务与演示英语教学评价

如任务活动、书面报告、课堂论文等。

3. 口试教学评价

传统的单一笔试为主的终结性评价方式使得学生的评价目标和学生培养的目标脱节。因为相应的考试内容经常是关于语法推理的内容，而部分通过阅读信息来完成的试题也必须是在学生学会使用掌握语言后才能完成的。因此，沉默学习在外语学习中，被认为是语言的无效应用。例如，从英语课改之后某校英语口试可见，传统课堂教学形式下训练出的考生，在经受英语口试这样一种真实体现语言交际基本功的检验时，不少人显得无能为力。和传统经典式基础教学测试——笔试所不同的是，英语口试不接受那些人为制造出的、包含有大量非语言能力且偏重于语言形式的"语法知识教学的考查"。口试考核的是学生语言综合运用的能力，即通过听音获得信息，经过思维对获得的信息加工和重组，然后用目标语输出。如果说语言输入的听力考查过程，关键在于抓住意义，那么语言输出"说"的考查，则在于表达的完整和流畅。英语口试之所以称之为一项难度较高的考试，是因为它同时测试了考生的理解能力、口语能力、快速反应能力、语言表达能力等，它是一种智力协调运动。只有加大对有效语言的输入，长期进行有效的模仿，不断丰富英语语言材料的积累，然后慢慢进入语言创造性活用阶段，才能习惯于英语思维方式，使英语的使用达到自动化的程度，提高讲话的速度和表达的自如性，建立心理优势，排除焦虑情绪，最终提高英语口语表达的准确性和流利性。这项任务需要长期的训练，需要从基础阶段起步。

根据传统教育的效应可以推断，大学将因为争取英语口试成绩大力开展日常口语教学训练。教师和社团会根据明确、具体的运用能力目标，集中有限的课堂教学时间和课外时间，培养学生综合运用语言的交际能力。注重学生运用语言进行交际能力培养的核心理念，能有效推进新课程英语教改的进程，发挥口试评价对日常英语教学的检查和督促功能，促进日常英语课程教学的素质化。建议实行大学英语口试初期，可以明确口试内容，随着体制的日益成熟，逐渐加大口试的难度，慢慢发展到最后不公布口试内容，以此引导口试训练的能力化，防止口试应试化教学现象的出现。

总而言之，英语教学评价体系是一个系统化相对较强的评价体系，从国外外语教学评价上来看，国外大部分外语测试都由科任教师完成，根据不同的教学目标、要求和对象，设计不同的评量模式，并使其尽量生活化、多元化。与此同时，建立个人档案，通过个人档案获得学生信息和对学生作出评价已经成为重要的趋势。大学英语教师通过观察学生学习过程，了解每个学生的学习特点、学习风格及其策略和方法等情况，不断调整教学方法。同时学生在其档案中可以进行比较，了解自身发展的进程。考试是终结性评价的主要手段和形式。

参考文献

[1]丁睿.大学英语教学发展研究[M].长春：吉林人民出版社，2019.

[2]李红霞.大学英语教学研究[M].天津：天津科学技术出版社，2017.

[3]黄儒.大学英语教学模式研究[M].哈尔滨：黑龙江教育出版社，2018.

[4]朱金燕.大学英语教学改革探索[M].武汉：中国地质大学出版社，2018.

[5]张铭.当代大学英语教学理论与研究[M].北京：九州出版社，2019.

[6]李国金.大学英语教学基础理论及改革探索[M].北京：北京理工大学出版社，2018.

[7]丁丽红，韩强.当代大学英语教学的认知研究[M].北京：中国书籍出版社，2018.

[8]潘英慧.基于微课的大学英语教学模式分析与研究[M].长春：吉林科学技术出版社，2020.

[9]任文林，张雪娜，郑伟红.新时期高校大学英语教学研究[M].成都：电子科技大学出版社，2017.

[10]何树勋.跨文化交际下的大学英语教学改革模式研究[M].成都：四川大学出版社，2019.

[11]崇斌，田忠山.新时期大学英语教学研究[M].成都：电子科技大学出版社，2017.

[12]闫洪勇.大学英语教学与教师专业发展研究[M].西安：西安交通大学出版社，2017.

[13]朱芬，邵静.基于跨文化交际的大学英语教学模式建构[M].成都：四川大学出版社，2019.

[14]高雯君，赵颖，赵蕊.大学英语课程教学与思辨能力培养研究[M].长春：吉林科学技术出版社，2019.

[15]吴秋明，林正柏.基于MOOC理念的大学英语课程教学研究[M].北京：北京工业大学出版社，2019.

[16]曾小珊.大学英语课程实施中的教师隐性课程研究[M].成都：西南交通大学出版社，2016.

[17]冯瑗.校本课程视角下的大学英语课程设置研究[M]青岛：中国海洋大学出版社，2016.

[18]武琳.大学英语教学模式与课程建设研究[M].长春：吉林大学出版社，2016.

[19]刘立.新型大学英语课程体系建设探析[M].北京：北京理工大学出版社，2013.

[20]王磊.大学英语课程建设与教学模式研究[M].长春：吉林人民出版社，2018.

[21]文声芳.大学英语课程体系建设[M].北京：中国国际广播出版社，2019.

[22]周保群.大学英语教学模式与课程建设研究[M].重庆：重庆大学出版社，2020.

[23]李琴.大学英语教学模式与课程建设研究[M].北京：中国纺织出版社，2019.

[24]陆道恩.大学英语课程体系建设与教学改革[M].长春：吉林出版集团股份有限公司，2018.

[25]曹文娟.大学英语教学模式与课程建设研究[M].南京：江苏凤凰美术出版社，2018.

[26]潘贵渝.大学英语课程体系建设与教学改革[M].长春：吉林人民出版社，2018.

[27]程晓娟，康俊儒，王瑶.大学英语教学模式与课程建设研究[M].长春：东北师范大学出版社，2017.

[28]刘燕.大学英语写作教师反馈与在线批改反馈对比探究[J].黑龙江教师发展学院学报，2021（03）：151-153.

[29]牛蓓蓓.大学英语教学中的"学习者自主"问题研究[J].科学咨询（教育科研），2021（03）：37-38.

[30]黄容波.浅析大学英语在线测试与语言教学[J].科学咨询（科技管理），2021（03）：257-258.

[31]董娌楠.构建师生协同发展的大学英语课堂有效教学理论模式研究[J].佳木斯职业学院学报，2021，37（03）：98-99.

[32]黄冬梅."双导向法"英语混合教学模式实证研究[J].湖北开放职业学院学报，2021（34）：169-171.

[33]冷敏.做好大学英语教学，促进文化软实力提升[J].公关世界，2021（04）：112-113.

[34]王成伟.大学英语写作混合式教学研究设计与实践[J].山西能源学院学报，2021（01）：50-52.

[35]李亚峰.基于课堂派的大学英语自主学习课程建设研究[J].湖北开放职业学院学报，2021，186-187.

[36]徐昉.英语写作教学与研究[M].北京：外语教学与研究出版社，2012.

[37]罗毅，蔡慧萍.英语课堂教学策略理论与实践运用[M].杭州：浙江大学出版社，2011.

[38]范激轩.我国英语教学中语用学理论实践应用的缺失[J].英语广场下旬刊，2015（05）：80-81

[39]张鑫.英语教学的理论与实践[M].北京：知识产权出版社，2012.

[40]陈志静.大学英语听说教学在网络环境下的新发展：评《网络环境下大学英语教学改革理论与实践》[J].大学教育科学，2016（06）：143.

[41]邓联健.大学英语课程的核心竞争力[J].现代大学教育，2015（06）：80-83.

[42]黄雯怡.关于当前大学英语教育改革争论的思考[J].江苏高教，2015（06）：103-104.

[43]黄元清.促进大学英语教师专业成长的新探索：评《网络环境下大学英语教师专业素质发展研究》[J].大学教育科学，2018（02）：130-131.

[44]柯应根.大学英语分级教学改革历程及问题研究[J].江苏高教，2016（04）：67-70.

[45]刘泽华，申凯中.我国高校大学英语分级教学反思与对策[J].中国大学教学，2015（12）：36-41+35.

[46]秦秋.大学英语教学改革与教师素质提升[J].江苏高教，2016（05）：68-71.

[47]王李霞.大学英语后续课程设置探讨[J].江苏高教，2015（03）：85-87.

[48]王晓娟.大学生英语应用能力培养的重要意义与方案研究[J].教育与职业，2012（21）：128-129.

[49]王新，郭乃照.个性化教学与大学生英语应用能力的提高[J].外语学刊，2014（04）：123-127.

[50]张婷，张燕.浅谈大学生英语应用能力的培养：评《英语写作教学——课堂互动性交流视角》[J].中国教育学刊，2019（02）：115.

[51]张秀萍.大学英语情境教学：认知理据、实施原则与设计实践[J].大学教育科学，2017（06）：63-68.

[52]周霞.大学英语跨文化教学中的问题与应对：评《全球化背景下大学英语跨文化教学研究》[J].大学教育科学，2018（02）：135.